Bushidō, el alma de Japón

Inazō Nitobe

Plutón
Ediciones

COLECCIÓN
ETERNA

Bushidō,
el alma de Japón

Inazō Nitobe

TRADUCCIÓN: ISOBEL RICHARDSON

© Plutón Ediciones X, s. l., 2025

Diseño de cubierta: Alejandro Díaz
Maquetación: Saul Rojas

Edita: Plutón Ediciones X, s. l.,

           E-mail: contacto@plutonediciones.com
           http://www.plutonediciones.com

Impreso en España / Printed in Spain

I.S.B.N: 978-84-10233-78-2
Depósito Legal: B-23374-2024

PRÓLOGO

¿Cuál es el camino del guerrero? Literalmente, el sendero en el que la persona que lleva armas, para combatir en el campo de batalla, conoce las ventajas y desventajas de cada una de ellas. En apariencia, esto suena a un asunto bélico, pero realmente se aplica a todo en la vida. El camino del guerrero o Bushidō[1] es uno muy duro. Es raro el guerrero que se reconoce a sí mismo como uno, ya que está tan inmerso en el camino que ni siquiera es consciente de los títulos ni aspira a alcanzarlos. Ser guerrero significa... Cada quien le puede dar un significado, pero en líneas generales es la persona que está constantemente entrenando sus habilidades y presionándose; que en algunas épocas va más allá de sus propias capacidades para superarse a sí mismo. No busca tener las condiciones perfectas, sino que se adapta al entorno y, si este no es el óptimo, se queja lo menos posible y hace lo máximo para actuar. De ahí que la base de sus palabras sean los hechos. Y si no sabe de un tema, no lo inventa. Sin embargo, no es tan abierto y también aplica la estrategia. El guerrero es una persona solitaria que trabaja en grupo, es decir, que busca ser autónomo,

---

1   Debido a las numerosas apariciones de la palabra en este libro, se prefirió mantener las mayúsculas del nombre propio y prescindir de las cursivas que normalmente se utilizarían por tratarse de una palabra japonesa.

auténtico y autosuficiente, pero que, cuando encuentra seres similares a él, no los desprecia y se les une para alcanzar una meta común. Para un guerrero, ni la fama ni la fortuna son seguras, solamente la muerte. Además del aspecto con que la encuentre en alguna batalla, también en lo que respecta a la muerte propia. Demasiadas palabras solo empantanan esto. Todos somos guerreros innatos, ¿acaso no luchamos por nacer? Así que no se necesitan manuales ni poemas ni recetas. Solo tenemos que hacer lo que debemos y listo.

Los siete principios del samurái

A continuación, los siete principios que rigen el código del Bushidō, la guía moral de gran parte de los samuráis[2] de Rokugan. Sé fiel a este y tu honor aumentará. Rómpelo y tu nombre será deshonrado por generaciones venideras.

1. *GI* - Honradez y justicia

Sé honrado en tu trato con todos. Cree en la justicia, pero no en la que viene de los demás, sino en la que surge de ti. Para un auténtico samurái, no existen los grises en lo que se refiere a honradez y justicia. Solamente existe lo que es correcto e incorrecto.

2. *YU* - Valor heroico

Debes estar por encima de las masas de gente que temen actuar. Ocultarte cual tortuga en tu caparazón no signi-

2 Dado su uso popular en Occidente, se optó por las minúsculas.

fica vivir. El samurái debe tener valor heroico. Es absolutamente arriesgado, temerario y peligroso. Vive la vida plena, completa y maravillosamente. Pero su coraje heroico no es ciego. Es inteligente y fuerte. Reemplaza el miedo por el respeto y la precaución.

3. *JIN* - Compasión

Mediante el entrenamiento intenso, el samurái se vuelve rápido y fuerte. No es igual al resto de los hombres. Desarrolla un poder que debe ser usado para el bien de todos. Tiene compasión. Ayuda a sus compañeros en cada oportunidad que se le presenta. Si esta no surge, se sale de su camino para encontrarla.

4. *REI* - Cortesía

Los samuráis no tienen razón para ser crueles. No necesitan exhibir su fuerza. Son educados incluso con sus enemigos. Sin esta muestra directa de respeto, no somos mejores que los animales. El samurái es merecedor de respeto no solamente por su fiereza en batalla, sino también por su manera de tratar al resto. La auténtica fuerza interior del samurái se vuelve evidente en tiempos de dificultades.

5. *MAKOTO* - Sinceridad absoluta

Cuando el samurái dice que hará algo, es como si ya lo hubiera hecho. Nada en esta tierra lo detendrá en la realización de lo que ha dicho que efectuará. No necesita "dar su palabra" o "prometer". El simple hecho de hablar pone en marcha el acto de hacer. Hablar y hacer son la misma cosa.

6. *MEYO* - Honor

Un auténtico samurái solo tiene un juez de su propio honor: él mismo. Las decisiones que toma y cómo las lleva a cabo son un reflejo de quién es en realidad. No puede esconderse de sí mismo.

7. *CHUGO* - Deber y lealtad

Para el samurái, haber hecho o dicho "algo" significa que ese "algo" le pertenece. Es responsable de él y de todas las consecuencias que traiga. Un samurái es sumamente leal a quienes estén bajo su cuidado. Permanece fiel a aquellos de los que se responsabiliza. Las palabras de un hombre son como sus huellas, puedes seguirlas donde quiera que este vaya. Cuidado con el camino a seguir.

ALGUNOS COMENTARIOS DE MIRUMOTO JINTO,
RIKUGUNSHOKAN DEL CLAN DEL DRAGÓN

Sobre el valor: En su camino, el valiente no sigue los pasos del estúpido.

Sobre la lealtad: Un perro sin dueño vagabundea libremente. El halcón de un *daimyō*[3] vuela más alto. Solo hay una lealtad superior que la del samurái hacia su *daimyō*: la del *daimyō* hacia sus súbditos.

Sobre el respeto: Un alma que no respeta es un hogar en ruinas. Debe ser demolida para construirse de nuevo.

3   Señores feudales que controlaron la mayoría de Japón desde el comienzo del periodo Kamakura, en 1185; hasta el final del periodo Edo, en 1868.

Sobre la excelencia: La perfección es una montaña inescalable que debe ser subida a diario.

Sobre la venganza: La ofensa es como un buen *haiku*[4]. Puede ignorarse, desconocerse, perdonarse o borrarse, pero nunca podrá olvidarse.

Sobre la espada: Mi hoja es mi alma y mi alma pertenece a mi *daimyō*. Injuriar mi hoja es ofender a mi *daimyō*.

Sobre el honor: La muerte no es eterna, la deshonra sí.

Sobre la muerte: El samurái nace para morir. La muerte no es, entonces, una maldición a evitar, sino el fin natural de la vida.

---

4   Composición poética que contempla tres versos de cinco, siete y cinco sílabas, respectivamente.

EL CREDO DEL SAMURÁI

Carezco de padres, hago que cielo y tierra sean mis padres.

Carezco de hogar, hago que el *hara*[5] y la conciencia lo sean.

Carezco de vida y muerte, hago que el ritmo de mi respiración sea mi vida y muerte.

Carezco de poder divino, hago de la honestidad este poder.

Carezco de medios, hago de la docilidad y de la comprensión mis medios.

Carezco de poder o secreto mágico, hago que el carácter y mi personalidad lo sean.

Carezco de cuerpo, hago del estoicismo y de la resistencia mi cuerpo.

Carezco de ojos, hago del resplandor del rayo y del relámpago mis ojos.

Carezco de oídos, hago de la sensibilidad mis oídos.

Carezco de extremidades, hago de la habilidad y de la rapidez mis extremidades.

Carezco de leyes, hago de mi propia defensa mis leyes.

Carezco de estrategia, hago de lo esclarecido por el pensamiento, lo correcto para matar y lo correcto para restituir vida, mi estrategia.

5   Centro físico y espiritual del cuerpo, ubicado en el vientre.

Carezco de proyectos de ideas, hago de la oportunidad mis proyectos de ideas.

Carezco de milagros, hago que emprender acciones correctas sean mis milagros.

Carezco de principios, hago que adaptarme a todas las circunstancias sean mis principios.

Carezco de táctica, hago del vacío y de la plenitud mi táctica.

Carezco de talento, hago que la agudeza y la astucia sean mi talento.

Carezco de amigos, hago de mi mente mi única amiga.

Carezco de enemigos, hago del descuido mi enemigo.

Carezco de armadura, hago de la bondad y de la virtud mi armadura.

Carezco de castillo, hago que la firmeza de mi mente sea mi castillo.

Carezco de espada, hago de la ausencia del yo y de la no-mente mi espada.

Carezco de premios, hago del orgullo de mis hijos mi recompensa.

Samurái anónimo, siglo XIV

EL ALMA DE JAPÓN

Dedico este pequeño libro a mi querido tío Ōta Tokitoshi, que me enseñó a venerar el pasado y a admirar las hazañas de los samuráis.

DICIEMBRE, 1904

Quien se detiene por ese camino sobre la montaña es propenso a dudar si es, de hecho, un camino; mientras que, si lo ve desde el mismo desierto, la línea va hacia allá arriba, clara desde la base hasta la punta, ¡no es ni vaga ni confusa! ¿Qué son una o dos pausas vistas desde el ininterrumpido desierto a cada lado? Y luego, para introducir una nueva filosofía, ¿qué pasaría si las mismas pausas resultaran ser al final el más consumado de los artificios para entrenar el ojo de un hombre y enseñarle la fe?

ROBERT BROWNING,
LA APOLOGÍA DEL OBISPO BLOUGRAM

Hay, si así puedo decirlo, tres espíritus poderosos que de tiempo en tiempo se han movido sobre la faz de las aguas y le han dado un impulso predominante a los sentimientos y energías morales de la humanidad. Estos son los espíritus de la libertad, la religión y el honor.

HENRY HALLAM,
LA HISTORIA DE EUROPA DURANTE LA EDAD MEDIA

La caballería es, en sí misma, la poesía de la vida.

FRIEDRICH SCHLEGEL,
FILOSOFÍA DE LA HISTORIA

Prefacio de la primera edición

Hace unos diez años, mientras pasaba mis días hospedándome con el distinguido y ahora fallecido jurista belga M. de Laveleye, la conversación se volcó al tema de la religión durante uno de nuestros paseos. "¿Quiere decir, acaso —preguntó el respetable profesor—, que no hay educación religiosa en sus escuelas?" Al responder negativamente, este quedó asombrado y, con un tono de voz que nunca podré olvidar con facilidad, repitió: "¡Ninguna religión! ¿Entonces cómo imparten ustedes la educación moral?" La pregunta me atontó en ese momento, pues no tenía una respuesta preparada. Los preceptos morales que había aprendido durante la infancia no me habían sido impartidos en la escuela. No fue sino hasta que empecé a analizar los diferentes elementos con los que había dado forma a las nociones de bueno y malo que me di cuenta de que era el Bushidō lo que las había traído a mi vida.

El principal origen de este pequeño libro está en las frecuentes preguntas hechas por mi esposa de por qué tales y cuales ideas, usos y costumbres continúan vigentes en Japón.

En mis intentos por dar respuestas satisfactorias a M. de Laveleye y a ella, me di cuenta de que, sin comprender la época feudal y el Bushidō, las ideas morales del Japón de hoy son un libro sellado.

Aprovechando que poseo tiempo libre a causa de una larga enfermedad, escribo a los lectores, en el orden que ahora presento, algunas de las respuestas que se han dado en conversaciones dentro de nuestro hogar. Consiste, principalmente, en lo que me dijeron y enseñaron durante mi juventud, cuando el feudalismo aún estaba en regla.

Entre Lafcadio Hearn y la señora Hugh Fraser[6] por un lado, y Sir Ernest Mason Satow y el profesor Basil Hall Chamberlain[7] por el otro, ciertamente sería una pena escribir en inglés algo desde el japonés. La única ventaja que tengo sobre ellos es adoptar la actitud de un defensor de oficio, mientras que estos distinguidos escritores son los mejores abogados y procuradores.

A menudo he pensado: "¡Si tuviera su don de la lengua, presentaría la causa de Japón en términos más elocuentes!". Pero aquel que habla en un idioma prestado, ya debe estar agradecido de que pueda darse a entender.

A lo largo de todo el discurso he intentado ilustrar los puntos tratados con ejemplos paralelos de la historia y la literatura europeas, creyendo que así ayudaré a la comprensión de los lectores extranjeros.

Si alguna de mis alusiones a temas religiosos y a trabajadores religiosos fuese considerada despectiva, espero que no se cuestione mi actitud hacia el cristianismo en sí mismo. Es a los métodos eclesiásticos y las formas que oscurecen las enseñanzas de Cristo, y no las enseñanzas mismas, a lo que tengo poca simpatía. Creo en la religión enseñada por Dios

---

6   De nombre Mary Crawford Fraser, solía firmar sus libros con el nombre de su esposo.

7   Estos autores fueron, por cierto, los primeros en ofrecer una visión directa del Japón de la época Meiji (1868- 1912) a Occidente.

y transmitida a nosotros a través del Nuevo Testamento, además de la ley escrita en el corazón. Además, creo que Dios ha hecho un testamento que puede llamarse "antiguo" con cada pueblo y nación, sea gentil, judío, cristiano o pagano. En cuanto al resto de mis creencias religiosas, no necesito abusar de la paciencia de los lectores.

Para concluir este prefacio, quiero expresar mi agradecimiento a mi amiga Anna C. Hartshorne por muchas sugerencias valiosas y por el diseño característico japonés que hizo para la portada de este libro.

INAZŌ NITOBE

Malvern, Pensilvania, Estados Unidos
Diciembre, 1899

PREFACIO DE LA DÉCIMA EDICIÓN REVISADA

Desde que se publicó por primera vez en Filadelfia hace más de seis años, este libro ha tenido una trayectoria inesperada. La reimpresión japonesa ha pasado a través de ocho ediciones y la presente es la décima en aparecer en inglés. Al mismo tiempo que esta, será lanzada por la casa editora de Nueva York G. P. Putnam's Sons en una edición estadounidense e inglesa.

En todo este tiempo, Bushidō ha sido traducido al maratí por el señor Dev de Khandesh, al alemán por la señora Ella Kaufmann de Hamburgo, al checo por el señor Karel Hora de Chicago y al polaco por la Sociedad de Ciencia y Vida en Leópolis, aunque esta edición ha sido censurada por el gobierno ruso. Ahora mismo está siendo traducida al noruego y al francés. Se está contemplando traducirla al chino. Un soldado ruso, prisionero en Japón, tiene un manuscrito en ruso listo para la imprenta. Una parte del libro ha sido traída al público húngaro y se ha publicado en japonés una reseña detallada que casi equivale a un comentario. Todas las notas aclaratorias, para ayuda de los jóvenes estudiantes, han sido compiladas por mi amigo, el señor Sakurai Hikoichirō, a quien agradezco mucho su ayuda.

Estoy más que agradecido por el sentimiento de que mi humilde trabajo haya encontrado simpatizantes de distintos sectores, lo que demuestra que el interés mundial en este tema va en aumento. Excesivamente halagadoras son las noticias que me han llegado de fuentes oficiales, que dicen que el presidente Roosevelt le ha hecho un inmerecido honor leyéndola y distribuyendo varias docenas de copias entre sus amigos.

Haciendo correcciones y añadiduras a la presente edición, me he limitado en gran medida a ejemplos concretos. Sigo lamentando, como nunca he dejado de hacerlo, no haber podido agregar un capítulo sobre la piedad filial, considerada una de las dos ruedas del auto de la ética japonesa, siendo la otra la lealtad. Mi incapacidad se debe más a mi ignorancia del sentimiento occidental con respecto a esta virtud que a la ignorancia de nuestra propia actitud hacia ella, y no puedo establecer comparaciones satisfactorias para mí. Espero poder extenderme algún día sobre este y otros temas. Todos los tópicos que se abordan en estas páginas son susceptibles de ampliación y discusión, pero por ahora no veo claro el camino para hacer este volumen más grande de lo que ya es.

Este prefacio estaría incompleto y sería injusto si omitiera la deuda que tengo con mi esposa, por la ayuda que me ha dado leyendo los borradores, haciendo sugerencias y, sobre todo, a través de su constante apoyo.

INAZŌ NITOBE

Kioto, Japón
22 de mayo, 1905

CAPÍTULO I
EL BUSHIDŌ COMO UN SISTEMA ÉTICO

La caballerosidad es una flor no menos endémica de Japón que su emblema, la flor del cerezo. Tampoco es una especie deshidratada de una virtud antigua, que se conserva en el herbario de nuestra historia. Todavía es un objeto vivo de poder y belleza entre nosotros. Y si bien no tiene una forma tangible, no por ello deja de perfumar la atmósfera moral y hacernos conscientes de que seguimos estando bajo su potente hechizo. Las condiciones sociales que la hicieron nacer y que la alimentaron han desaparecido desde hace mucho tiempo. Pero, así como esas lejanas estrellas que una vez fueron y ya no son, aún continúan reflejando sus rayos sobre nosotros. La luz de la caballería, hija del feudalismo, aún ilumina nuestro camino moral, sobreviviendo a su institución madre. Es un placer para mí reflexionar sobre este tema en el lenguaje de Edmund Burke, quien pronunció aquel conocido y conmovedor elogio sobre la tumba de su prototipo europeo.

Se puede hablar de un triste defecto de la información que se tiene sobre el Extremo Oriente cuando un erudito como el doctor George Miller no duda en afirmar que la caballería, o cualquier otra institución similar, nunca ha existido, ni entre las naciones de la Antigüedad ni entre los orientales modernos[8]. Tal ignorancia, sin embargo, es ampliamente excusable, ya que la tercera edición de la obra del buen doctor apareció el mismo año en que el comodoro Matthew C. Perry[9] llamaba a las puertas de nuestro exclusivismo. Más de una década después, en la época en que nuestro feudalismo agonizaba, Karl Marx llamó la atención de sus lectores en "El capital" sobre la peculiar ventaja de estudiar las instituciones sociales y políticas del feudalismo, que para entonces solo se veían vivas en Japón. De la misma manera, yo invitaría al estudiante de historia y ética occidental al estudio de la caballería en el Japón del presente.

Por muy atractiva que sea una discusión histórica sobre la comparación entre el feudalismo y la caballería en Europa y Japón, no es el propósito de este texto adentrarse en el tema en profundidad. Mi intención es más bien relatar, en primer lugar, el origen y las fuentes de nuestra caballería; en segundo, su carácter y enseñanzas; en tercero, su influencia entre las masas; y, finalmente, en cuarto lugar, la continuidad y permanencia de su influencia. De estos diversos puntos, el primero será breve y somero, pues de lo contrario tendría que llevar a mis lectores por los tortuosos caminos de nuestra historia nacional. Mientras que el segundo será tratado más extensamente, por ser el que más puede interesar a los estudiantes de Ética Internacional y

8   Nota del autor: "History Philosophically Illustrated" (3ª ed., 1853), vol II, pág. 2.

9   1794-1858. En 1853, comandó un escuadrón de cuatro barcos frente a Uraga, con el propósito de romper el aislamiento (Sakoku) decretado en 1639 por Iemitsu, tercer shōgun del Período Edo. Bajo la presión estadounidense, se firmó el tratado de Kanagawa, que permitiría a ciertos puertos japoneses abrirse al comercio exterior.

Etología Comparada, en lo referido a nuestras formas de pensamiento y acción. El resto serán tratados como hechos consecuentes.

La palabra japonesa que he traducido a grandes rasgos como caballería es, en el idioma original, más expresiva que la que designa la equitación. Bu-shi-dō literalmente significa "modos militares-caballerescos", es decir, las maneras en que los nobles combatientes deben observar tanto su vida diaria como su vocación. En pocas palabras, son los "preceptos de la caballería", la nobleza obligatoria de la clase guerrera. Es por ese significado, dado desde la literalidad, que me permito en adelante utilizar la palabra en el original. El uso del término también es aconsejable por esta razón: que una enseñanza tan circunscrita y única, que engendra un tipo de mente y carácter tan peculiares, tan local, debe llevar la insignia de su singularidad de frente. Algunas palabras tienen un timbre nacional tan expresivo de las características de su raza, que el mejor de los traductores puede hacerles poca justicia, por no decir injusticia y agravio positivos. ¿Quién puede mejorar mediante la traducción lo que significa la palabra alemana *gemüth*? ¿O quién no siente la diferencia entre dos palabras que en términos verbales parecen estrechamente aliadas, como lo son la inglesa *gentleman* y la francesa *gentilhomme*?

El Bushidō es, pues, el código de principios morales en el que los caballeros eran instruidos o que debían tener presente. No es un conjunto de normas escritas. En el mejor de los casos, consiste en algunas máximas transmitidas por el boca a boca o a través del puño y letra de algún conocido guerrero o sabio. Con mayor frecuencia, se trata de un código no dicho ni escrito que tiene la poderosa sanción de un hecho real y de una ley escrita en el corazón. No se creó gracias a un solo cerebro, por muy capaz que fuera; ni tampoco en la vida de una persona, por mucho renombre que tuviera. Su crecimiento se produjo orgánicamente, durante décadas y siglos de carrera militar. Quizás ocupe el mismo lugar en la historia de la ética que la Constitución del Reino Unido en la historia política. Sin embargo, no ha tenido nada que compararse con la *Magna Carta Libertatum* o la Ley del *Habeas Corpus*. Sí, es cierto que a principios del siglo XVII se promulgaron las Leyes de las Casas Militares (Buke Shohatto), pero sus trece breves artículos trataban sobre todo de matrimonios, castillos, alianzas, etc. Las normas didácticas apenas se mencionaban. No podemos, por lo tanto, señalar ningún tiempo ni lugar definido y decir "aquí nació". Solamente en la medida en que se alcanza conciencia del Bushidō en la era feudal es que su origen, con respecto al tiempo, puede identificarse con el feudalismo. Pero el mismo feudalismo está tejido de muchos hilos, y el Bushidō comparte esta intrincada naturaleza. Así como se puede decir que en Inglaterra las instituciones políticas del feudalismo datan de la Conquista Normanda, también es válido señalar que en Japón su auge fue simultáneo al ascenso de Yoritomo[10], a finales del siglo XII. Sin embargo, al igual que en Inglaterra, donde los elementos sociales del feudalismo se remon-

---

10   Minamoto-no-Yoritomo (1147-1199) fue el heredero de la jefatura del clan Minamoto, que combatió contra el clan Taira en las llamadas Guerras Genpei, las cuales darían inicio al Período Kamakura. En 1192 se le otorgó el título de shōgun, convirtiéndose en el primero de la historia japonesa. A partir de ese momento y durante siglos, el emperador de Japón solo gobierna nominalmente.

tan al período anterior de Guillermo el Conquistador, los gérmenes del feudalismo existen en Japón desde mucho antes del período que he mencionado.

Al igual que en Europa, cuando en Japón se inauguró formalmente el feudalismo, la clase profesional de guerreros adquirió natural importancia. Se les conocía como samuráis, que literalmente significaba, como el antiguo inglés *cniht*[11], guardias o asistentes, parecidos a los *soldurii*[12] de Aquitania, cuya existencia mencionó César; o los *comitati*[13], que según Tácito seguían a los jefes germánicos en su época. O, para hacer un paralelismo aún más tardío, los *milites medii*[14] sobre los que se lee en la historia de la Europa del medioevo. También se adoptó el uso común de la palabra china-japonesa *bu-ke* o *bu-shi* (caballeros luchadores). Eran una clase privilegiada y, originalmente, debieron de ser una raza ruda que hizo de la lucha su vocación. Esta clase fue reclutada de forma natural, durante un largo periodo de constantes guerras, entre los más varoniles y aventureros. Durante todo ese tiempo continuó el proceso de selección, eliminando a los tímidos y débiles. Solo "una raza ruda, completamente masculina, con fuerza bruta", por tomar prestada la frase de Emerson[15], sobrevivió para

---

11   Del inglés, "knecht", hoy "knight".

12   Los *soldurii* eran guerreros característicos del mundo celta e ibérico, de quienes se decía guardaban absoluta fidelidad a la palabra dada y cuyo valor, además de desapego por la vida, se volvieron legendarios hasta el punto que emperadores y senadores romanos los escogían como guardias personales.

13   Los *germanicum comitati* eran la guardia personal y fuerza de choque de los reyes germánicos.

14   Caballeros medievales.

15   Considerado el máximo exponente del llamado trascendenta-

formar las familias y las filas de los samuráis. Al llegar a poseer grandes honores y privilegios, así como las correspondientes grandes responsabilidades, pronto sintieron la necesidad de unas normas comunes de conducta, sobre todo porque siempre estaban en pie de guerra y pertenecían a clanes diferentes. Del mismo modo en que los médicos limitan la competencia entre ellos por medio de la cortesía profesional o que los abogados se sientan en tribunales de honor cuando han violado su etiqueta, también los guerreros deben tener algo a lo que recurrir al momento de poner en juicio sus faltas.

¡Juego limpio en el combate! Qué fértil el germen de moralidad que yace en este primitivo sentido del salvajismo y la infancia. ¿Acaso no es la raíz de todas las virtudes militares y cívicas? Sonreímos (¡como si lo hubiéramos superado!) ante el deseo infantil del pequeño británico Tom Brown de "dejar detrás el nombre de un tipo que nunca intimidó a un niño pequeño ni dio la espalda a uno grande". Y, sin embargo, ¿quién no sabe que este deseo es la piedra angular sobre la que pueden levantarse estructuras morales de grandes dimensiones? ¿No es cierto que la más dulce y pacífica de las religiones respalda esta aspiración? Este deseo de Tom es la base sobre la que se asienta en gran medida la grandeza de Inglaterra. Y no tardaremos en descubrir que el Bushidō no se encuentra en un pedestal más bajo. Si la lucha, ya sea ofensiva o defensiva, es en

---

lismo, Ralph Waldo Emerson defendía que cada uno puede descubrir la "verdad suprema" en el alma, siguiendo su propia luz interior. Esta concepción era muy del gusto de Nitobe, ya que era próxima al *daemon* socrático y al pensamiento de Wang Yangming.

sí misma brutal e incorrecta, como atestiguan con razón los cuáqueros[16], aún podemos decir lo mismo que Lessing: "Sabemos de qué defectos brota nuestra virtud"[17]. "Furtivos" y "cobardes" son epítetos de la peor deshonra para aquellos de naturaleza sana y sencilla. La vida comienza con estas nociones y la caballería también. Pero a medida que la vida se agranda y sus relaciones se multiplican, la fe temprana busca el castigo de una autoridad superior y de fuentes más racionales para su propia justificación, satisfacción y desarrollo. Si los intereses militares hubieran operado solos, sin un apoyo moral superior, ¡cuán lejos habría quedado el ideal de caballería! En Europa, el cristianismo, bajo una interpretación conveniente para la caballería, le infundió, sin embargo, inspiración espiritual.

16   Doctrina religiosa surgida en Inglaterra a mediados del siglo XVII a la que se uniría Nitobe en 1886, durante sus primeros años de estudio en Estados Unidos y tras conocer a quien sería su esposa, Mary Patterson Elkinton.

17   Nota del autor: John Ruskin fue uno de los hombres más bondadosos y amantes de la paz que hayan existido nunca. Sin embargo, creía en la guerra con todo el fervor del mundo. "Cuando les digo —escribe en "La corona de olivo silvestre"— que la guerra es la base de todas las artes, quiero decir también que es la base de todas las altas virtudes y facultades del hombre. Es muy extraño y espantoso para mí descubrir esto, pero es un hecho innegable. Descubrí, en resumen, que todos los grandes países aprendieron su verdad de palabra y su fuerza de pensamiento en la guerra. Que fueron alimentadas por la guerra y malgastadas por la paz, enseñadas por la guerra y engañadas por la paz, entrenadas por la guerra y traicionadas por la paz. En una palabra, que nacieron en la guerra y murieron en la paz".

Nota del traductor: Junto a los también escritores Matthew Arnold y Thomas Carlyle, Ruskin levantó la voz contra los "utilitaristas" y los "materialistas", como hará el propio Nitobe en las páginas finales de este libro.

"Religión, guerra y gloria eran las tres almas de un perfecto caballero cristiano", dice Alphonse de Lamartine. En Japón, existen varias fuentes del Bushidō.

Capítulo II
Las fuentes del Bushidō

De todas las fuentes del Bushidō, quiero comenzar por el budismo. Este proporcionaba un sentido de serena confianza en el destino o una tranquila sumisión a lo inevitable. Lo que se podría llamar una compostura estoica ante el peligro o la calamidad; un desdén por la vida y una amistad con la muerte. Un destacado maestro de esgrima, cuando vio que su estudiante dominaba al máximo su arte, le dijo: "Más que esto, mi instrucción debe dar paso a la enseñanza zen"[18]. Lo zen es el equivalente japonés del *dhyana*, que "representa el esfuerzo humano por alcanzar, a través de la meditación, zonas de pensamiento más allá de la expresión verbal"[19]. Su método es la contemplación y su propósito, por lo que lo que alcanzo a entender, convencerse de un principio que subyace a todos los fenómenos. Y si puede, al absoluto mismo, logrando ponerse así en armonía con este absoluto. Así definida, la enseñanza era mucho más que el dogma de una secta y quien alcanza la percepción del absoluto se eleva por encima de las cosas mundanas y despierta "a un nuevo cielo y una nueva tierra".

---

18   Dado su uso popular en Occidente, se optó por las minúsculas.
19   Nota del autor: Lafcadio Hearn, "Exotics and Retrospectives", pág. 84.

Lo que el budismo falló en ofrecer, el sintoísmo[20] lo dio en abundancia. La lealtad al soberano, el respeto a los ancestros y la piedad filial no fueron inculcados en ningún otro credo como en el sintoísmo, dando pasividad al arrogante carácter samurái de otras épocas. La teología tras el sintoísmo no tiene espacio para el dogma o el "pecado original". Por el contrario, cree en la bondad innata y la pureza divina del alma humana, adorándola como el recipiente donde el oráculo se proclama. Se ha observado que los altares sintoístas están evidentemente desprovistos de objetos e instrumentos de adoración y que un simple espejo colgado en el santuario forma parte esencial de ellos. La presencia de este es sencilla de explicar: simboliza el corazón humano, que cuando es perfectamente apacible y claro, refleja la misma imagen de *Kami*[21]. Por lo tanto, cuando alguien se ubica frente al altar para rendir culto, ve su propia imagen reflejada en esa superficie brillante y el acto de adoración es un equivalente al viejo mandato délfico de "conocerse a sí mismo". Pero el conocerse a sí mismo no implica, en la enseñanza griega o japonesa, conocer la parte física o anatómica del hombre ni su psicología o psique. Se refiere a un conocimiento moral, una introspección a su naturaleza. Comparando el griego con el romano, Theodor Mommsen dice que cuando el primero rendía culto levantaba los ojos al cielo, pues su oración era contemplativa; mientras que el segundo cubría su cabeza, pues la suya era reflexiva. Esencialmente, como la concepción romana de la religión, pusimos en un primer

---

20 El sintoísmo, la "vía de los dioses", es la religión japonesa autóctona y su antigüedad se remonta a unos dos mil años.
21 Deidades adoradas por el sintoísmo.

plano no tanto la conciencia moral como la conciencia del individuo respecto a la Nación. Nuestro culto a la naturaleza vinculaba el país con lo más profundo del alma, mientras que el culto a los antepasados —que se remontaba de linaje en linaje— hacía de la familia imperial la fuente de todo el país. Para nosotros, el país es algo más que tierra y suelo de donde extraer oro o cosechar. Es el lugar sagrado de los dioses y los espíritus de nuestros antepasados. Para nosotros, el Emperador es algo más que quien manda en un *rechtsstaat*[22] o incluso que el patrón de un *culturstaat*[23]. Es el representante en cuerpo del cielo en la tierra, mezclando en su persona poder y misericordia. Si lo que dice Emile Gaston Boutmy[24] de la monarquía inglesa es cierto —que "no es solo la imagen de la autoridad, sino el autor y el símbolo de la unidad nacional", como yo creo que es—, dos y tres veces puede afirmarse lo mismo de la realeza en Japón.

Los principios del sintoísmo complementaron las dos características predominantes de nuestra vida emocional. Es decir, el patriotismo y la lealtad. Arthur May Knapp[25] dice muy acertadamente: "A menudo, en la literatura hebrea es difícil decir si el escritor está hablando de Dios o de la comunidad, del cielo o de Jerusalén, del Mesías o de la Nación". Una confusión similar puede advertirse en las referencias a nuestra fe. Digo confusión porque la lógica puede considerarla así a causa de su ambigüedad verbal. Sin embargo, siendo un marco de instinto nacional y de sentimientos con respecto a la raza, el sintoísmo no pre-

---

22   Del alemán, "Estado de Derecho".
23   Del alemán, "Estado de Cultura".
24   Nota del autor: "The English People", pág. 188.
25   Nota del autor: "Feudal and Modern Japan", vol. I, pág. 183.

tende ser una filosofía sistemática o una teología racional. Esta religión —¿o acaso no sería más correcto decir las emociones raciales que esta expresaba?— ha imbuido al Bushidō los conceptos de lealtad al soberano y de amor a la patria, los que actuaban más como impulsos que como doctrinas. El sintoísmo, a diferencia del cristianismo medieval, apenas prescribía credos a sus fieles, proporcionándoles entonces una agenda directa y simple.

En cuanto a las doctrinas estrictamente éticas, las enseñanzas de Confucio fueron la fuente más prolífica del Bushidō. Su enunciación de las cinco relaciones morales entre amo y siervo, padre e hijo, marido y mujer, hermano mayor y menor, y dos amigos, no fue sino una confirmación de lo que el instinto había reconocido, antes de que sus escritos llegaran desde China. El carácter tranquilo, benigno y mundano de sus preceptos ético-políticos era especialmente adecuado para los samuráis, quienes formaban la clase dirigente. Al mismo tiempo, su tono aristocrático y conservador se adaptaba bien a las exigencias de estos estadistas guerreros. Junto a Confucio, Mencio ejerció una inmensa autoridad sobre el Bushidō. Sus contundentes y a menudo bastante democráticas teorías resultaban excesivamente atractivas para la gente de naturaleza simpática e incluso se las consideraba peligrosas y subversivas para el orden social existente. De ahí que sus obras fueran censuradas durante largo tiempo. Sin embargo, su pensamiento encontró un lugar permanente en el corazón de los samuráis.

Los escritos de Confucio y Mencio constituían los principales textos para jóvenes y la máxima autoridad en las discusiones entre los ancianos. Sin embargo, el simple conocimiento de los clásicos de estos dos sabios no era tenido en gran estima. Un proverbio popular ridiculiza a quien solamente tiene un conocimiento intelectual de Confucio, como un hombre siempre estudioso pero ignorante de sus "Analectas"[26]. Un samurái común califica a un erudito literario de "imbécil que huele a libro". Otro compara el aprendizaje con una verdura maloliente que debe hervirse y cocerse antes de que sea apta para su consumo. "Un hombre que ha leído poco huele un tanto a pedante y uno que ha leído mucho huele aún más. Ambos son igual de desagradables". El escritor quería decir con esto que el conocimiento solo se convierte realmente en tal cuando es asimilado por la mente del aprendiz y se manifiesta en su carácter. Un intelectual era considerado una máquina y el propio intelecto se pensaba subordinado a la emoción ética. El hombre y el universo eran concebidos como espirituales y éticos por igual. El Bushidō no podía aceptar el juicio de Thomas Henry Huxley que decía que el proceso cósmico no era moral.

Y es que el Bushidō ilumina el conocimiento mismo. Este no se perseguía como un fin en sí mismo, sino como un medio para alcanzar la sabiduría. Por ello, aquel que solo lo buscaba con ese fin, no era considerado más que una máquina, tan solo capaz de convertir poemas y máximas en mandatos. Entonces, el conocimiento solamente era concebido como idéntico a su aplicación práctica en la vida, doctrina socrática que encontró su mayor exponente en Yangming, quien nunca se cansaba de repetir que "El saber y el actuar son uno y lo mismo".

26 Libro que recoge una serie de charlas que el filósofo chino dictó a sus discípulos.

Permítanme la licencia de divagar un momento sobre este tema, ya que algunos de los más nobles tipos de *bushi* fueron influenciados fuertemente por las enseñanzas de este sabio. Los lectores occidentales fácilmente reconocerán en estos escritos paralelos con el Nuevo Testamento. Teniendo en cuenta los términos propios de una y otra enseñanza, el pasaje que dice "busquen primero el reino de Dios y su justicia, y todas estas cosas les serán dadas", transmite un pensamiento que puede encontrarse en casi cualquier página de Yangming. Un discípulo japonés[27] suyo dice: "El señor del cielo y de la tierra, de todos los seres vivientes, que habita en el corazón del hombre, se convierte en su *kokoro*[28]; entonces una mente es algo vivo y siempre luminoso"; y también: "La luz espiritual de nuestro ser esencial es pura y no se ve afectada por la voluntad del hombre. Al brotar espontáneamente en nuestra mente, nos enseña lo que está bien y lo que está mal. Se llama entonces conciencia. Es incluso la luz que procede del dios del cielo". ¡Cuánto se parecen estas palabras a algunos pasajes de Isaac Pennington o de otros místicos filósofos! Me inclino a pensar que la mente japonesa, tal como se expresa en los sencillos principios de la religión sintoísta, estaba particularmente abierta a la recepción de los preceptos de Yangming. Llevó su doctrina de la infalibilidad de la conciencia hasta el trascendentalismo extremo, atribuyéndole la facultad de no solamente percibir la distinción entre el bien y el mal, sino también la naturaleza de los hechos psíquicos y los fenómenos físicos. Llegó tan lejos, si no es que más, como George Berkeley y Johann Gottlieb Fichte

27   Nota del autor: Miwa Shissai.
28   Corazón, mente, alma o sentimientos.

en el idealismo, negando la existencia de cosas fuera del conocimiento humano. Aunque su sistema tenía todos los errores lógicos que se le imputan al solipsismo[29], tenía toda la eficacia de una fuerte convicción. Su importancia moral en el desarrollo de la individualidad del carácter y la ecuanimidad del temperamento es indiscutible.

Pero cualesquiera que fueran las fuentes, los principios esenciales que el Bushidō tomó y asimiló para sí mismo fueron pocos y simples. Pocos y simples como eran, suficientes eran para regir con seguridad una conducta de vida, incluso en los días menos seguros y los períodos más inestables de la historia de nuestro país. La naturaleza sana y sin sofisticaciones de nuestros guerreros ancestrales derivó en un amplio alimento para su espíritu. Un alimento proveniente de un conjunto de enseñanzas comunes y fragmentarias basadas, por así decirlo, en las carreteras y caminos del pensamiento antiguo; y estimuladas por las exigencias de la época, la cual forma un nuevo y único tipo de hombría. M. de la Mazeliére, un agudo *savant*[30] francés, resume sus impresiones del siglo XVI de la siguiente manera: "A mediados del siglo XVI, todo es confusión en Japón. En el gobierno, en la sociedad, en la religión. Pero las guerras civiles, las maneras de regresar al barbarismo, crean la necesidad de tomar la justicia por mano propia. Estos hombres eran comparables a los italianos del mismo siglo, de los que Hippolyte Taine elogia su vigorosa iniciativa, hábito de resoluciones repentinas y empresas desesperadas, magnífica capacidad de hacer y de sufrir". En Japón

---

29   Defiende un subjetivismo radical, afirmando que todo lo existente se reduce a la conciencia del sujeto y a sus contenidos.
30   Del francés, "sabio".

como en Italia, 'los hábitos groseros de la época medieval hicieron del hombre un animal superior, completamente militante y resistente'. Y es por esto que el siglo XVI muestra el grado más alto de la cualidad principal de los japoneses, que es esa gran diversidad entre las mentes (*esprits*), así como también entre los temperamentos. Mientras que en India y quizás en China los hombres parecen diferir principalmente por el grado de energía o de inteligencia, en Japón ellos difieren por la originalidad de su carácter. La individualidad es el signo de las razas superiores y de las civilizaciones desarrolladas. Si queremos hacer uso de la expresión de Nietzsche, hablar de humanidad en Asia es hablar de sus llanuras y hablar de humanidad en Japón, como en Europa, es hablar de sus montañas". Para ahondar en las características de aquellos hombres de los cuales Antoine de La Mazelière escribió[31], voy ahora a hablar sobre la rectitud.

---

31   La obra a la que alude Nitobe es "Essai sur l'histoire du Japon".

Capítulo III
La rectitud o la justicia

En el código del samurái, son los preceptos más contundentes y, de hecho, nada resulta más repugnante que los tratos turbios y las iniciativas torcidas. Pero el concepto de rectitud puede ser erróneo o estrecho. Un conocido *bushi* lo define como un poder de resolución: "La rectitud es el poder de decidir sobre una determinada conducta de acuerdo a la razón, sin vacilaciones. Morir cuando es correcto morir, golpear cuando es correcto golpear". Otro habla de ella en los siguientes términos: "La rectitud es el hueso que da firmeza y estatura. Así como la cabeza no puede apoyarse en la parte superior, las manos moverse o los pies mantenerse en pie cuando no se tienen huesos, ni el talento ni el aprendizaje pueden hacer de un cuerpo humano un samurái si este no posee rectitud. Con ella, la falta de logros no significa nada". Mencio llama "benevolencia" a la mente del hombre y "rectitud" o "justicia" a su camino. "¡Qué lamentable —exclama— es descuidar el camino y no seguirlo, perder la mente y no saber buscarla de nuevo! Cuando los hombres pierden aves y perros, saben buscarlos de nuevo; pero cuando pierden la mente, no saben hacerlo". ¿No tenemos aquí, "como en un cristal oscuro", una parábola expuesta trescientos años más tarde en otro clima y por un maestro más grande, que se llamó a sí mismo el Camino de la Justicia, a través del cual los perdidos podían ser encontrados? Pero me desvío del tema. La rectitud, según Mencio, es un camino recto y estrecho que un hombre debe caminar para recuperar el paraíso perdido.

Incluso en el ocaso del feudalismo, cuando un largo periodo de paz trajo el ocio a la vida de la clase guerrera y, con él, disipaciones de todo tipo y logros moderados, el epíteto *gishi* (hombre de rectitud) se consideraba superior a cualquier nombre que significara dominio del conocimiento o del arte. Los Cuarenta y Siete Fieles —de los que tanto se habla en la educación japonesa— son conocidos en el lenguaje común como los "cuarenta y siete *gishi*"[32].

En tiempos en que la astucia podía pasar por táctica militar y la falsedad por *ruse de guerre*[33], esta virtud varonil, franca y honesta, era la joya que más brillaba y que más se alababa. La rectitud es hermana gemela de la valentía, otra virtud marcial. Pero antes de hablar de la valentía, permítanme detenerme un poco en lo que puedo llamar una derivación de la rectitud. Esta fue desviándose ligeramente de su original, se fue alejando cada vez más de él, hasta que su significado se pervirtió en la aceptación popular. Hablo de *giri*, literalmente la "recta razón", que con

32   También conocidos como "los 47 rōnin". En 1701, Asano, señor de Akō, fue ultrajado por Kira, dignatario de la corte del Shogunato Tokugawa. Enfurecido, Asano hirió a Kira, por lo que fue condenado a realizarse seppuku (suicidio). Pero 47 de sus vasallos mataron a Kira en venganza. En consecuencia, también fueron condenados al seppuku, que cumplieron sobre la tumba de Asano, convirtiéndose en héroes del pueblo y símbolos de valentía, lealtad y honor.

33   Del francés, "artimaña de guerra".

el tiempo llegó a encarnar un vago sentido del deber que la opinión pública esperaba que alguien cumpliera. En su sentido original e íntegro, significaba deber, puro y simple. De ahí que hablemos del *giri* que debemos dar a padres, superiores, inferiores, la sociedad en general, etcétera. En estos casos, es el deber, ¿pues qué otra cosa es el deber sino lo que la recta razón nos exige hacer? ¿No debería ser la recta razón nuestro imperativo categórico?

En su significado fundamental, no es más que obligación y, me atrevería a decir, su etimología deriva de nuestra conducta hacia nuestros padres. Aunque el amor debería ser la única motivación, otra autoridad es necesaria para hacer cumplir la piedad filial. Por eso se formula —y muy bien— esta autoridad en el *giri*, puesto que, si el amor no conduce a la virtud, hay que recurrir al intelecto del hombre y apelar a su razón para convencerlo de la necesidad de actuar correctamente. Lo mismo se puede decir de otras obligaciones morales. El momento en que el deber se vuelve pesado, la recta razón interviene para evitar que lo evadamos. *Giri*, así entendido, es entonces un severo capataz con una vara de abedul en la mano que hace que los perezosos cumplan con su parte. Es un poder secundario en la ética. Como motivo, es infinitamente inferior a la doctrina cristiana del amor, que debe ser *la* ley. Lo considero un producto de las condiciones de una sociedad artificial en la que el azar del nacimiento y el beneficio sin mérito instituyeron las distinciones de clase; en la que la familia era la unidad social, la edad tenía más importancia que la superioridad de talentos y los afectos naturales tenían que sucumbir a menudo ante las costumbres arbitrarias creadas por el hombre. Fue a causa de esta misma artificialidad que se deformó hasta convertirse en un vago sentido del decoro llamado a explicar esto y sancionar aquello, por ejemplo, por qué una madre debe, si es necesario, sacrificar a todos sus otros hijos para salvar al primogénito; o por qué una hija debe vender su virginidad con el fin de obtener fondos para pagar la deuda del padre; y otras cosas por el estilo. Partiendo de la recta razón, en mi opinión se ha rebajado a menudo a la casuística. Incluso ha derivado en un miedo cobarde a la censura. Podría decir de *giri* lo que Scott escribió del patriotismo: "Así como es la más bella, a menudo es la más sospechosa máscara de otros sentimientos". Llevado más allá o por debajo de la recta razón, se convirtió en un monstruoso término equivocado. Albergaba bajo sus alas todo tipo de sofismas e hipocresías. Podría haberse convertido fácilmente en un nido de cobardía, si Bushidō no hubiera tenido un agudo y correcto sentido del valor, al cual volveremos a continuación.

Capítulo IV
La valentía, el espíritu de
la audacia y la resistencia

La valentía apenas se consideraba digna de contarse entre las virtudes, a menos que se ejerciera como parte de la rectitud. En sus "Analectas", Confucio la define explicando, como suele ser su estilo, cuál es su aspecto negativo. "Percibir lo que es correcto y no hacerlo —dice— demuestra la falta de valentía". Si convirtieras este epigrama en una declaración positiva, diría: "Valentía es hacer lo que es correcto". Correr todo tipo de peligros, ponerse en riesgo, precipitarse hacia las fauces de la muerte, todo esto se identifica con demasiada frecuencia con la valentía. Y en la profesión de las armas tal temeridad de conducta —lo que Shakespeare llama "valentía ilegítima"— es injustamente aplaudida. Pero no es así en los preceptos de la caballería. A la muerte por una causa indigna de morir se conoce como "muerte de perro". "Lanzarse al fragor de la batalla y morir en ella —dice un Príncipe de Mito[34]— es bastante fácil y el más insignificante está a la altura de la tarea. Pero la verdadera valentía está en vivir cuando es correcto vivir y morir solo cuando es correcto morir". Sin

---

34 Se refiere a Tokugawa Mitsukuni (1628-1700), señor de Mito, provincia de Hitachi.

embargo, el príncipe ni siquiera había oído el nombre de Platón, quien define la valentía como "el conocimiento de las cosas que un hombre debe y no debe temer". La distinción que se hace en Occidente entre la valentía moral y la física se reconoce entre nosotros desde hace mucho tiempo. ¿Qué joven samurái no ha oído hablar del "gran valor" y del "valor de un villano"?

El valor, la fortaleza, la bravura, la intrepidez y el coraje, al ser cualidades del espíritu que aparecen más fácilmente en las mentes juveniles y que se pueden entrenar por ejercicio y ejemplo, fueron, por así decirlo, las virtudes más populares, tempranamente adoptadas por los jóvenes. Las historias de las proezas militares eran repetidas a todos los niños casi desde antes de que dejaran de lactar. ¿Lloraba un pequeño tonto por cualquier dolor? La madre lo regañaba de esta forma: "¡Qué cobardía llorar por un dolor pasajero! ¿Qué es lo que harás si te cortan el brazo en batalla o si te ordenan cometer *harakiri*[35]?". Todos sabemos la patética fortaleza de espíritu de un famoso pequeño príncipe de Sendai, quien en medio del drama mandó a decir a su pajecito: "Mira en aquel nido los gorriones minúsculos, cómo abren de par en par sus picos amarillos. ¡Mira ahora cómo va su madre con gusanos para alimentarlos! ¡Cuánto disfrutan la comida! ¡Míralos qué felices están! Pero cuando el estómago de un samurái está vacío, es indigno sentir hambre". Las anécdotas sobre la fortaleza y la valentía abundan en los cuentos infantiles, aunque este tipo de historias no son, ni mucho menos, el único método para infundirlas tempranamente. Los padres, con

---

35   También denominada *sepukku*, literalmente significa "corte del abdomen" y es una forma ritualista de suicidio.

una severidad que a veces rayaba en la crueldad, imponían a sus hijos tareas que exigían todo el coraje que se alojaba en ellos. "Los osos arrojan a sus cachorros por el barranco", decían. A los hijos de los samuráis se les hacía descender por los empinados valles de la penuria y se les incitaba a realizar tareas similares a las de Sísifo. La privación ocasional de comida o la exposición al frío se consideraban pruebas altamente eficaces para inculcarles la resistencia. Los niños más pequeños eran enviados con algún mensaje a extraños, se les hacía levantarse antes del amanecer y eran obligados a asistir a sus ejercicios de lectura sin desayunar, caminando al encuentro con su maestro descalzos en el frío del invierno. Una o dos veces al mes, como en el festival de un dios del aprendizaje, se reunían en pequeños grupos y pasaban la noche en vela, leyendo en voz alta por turnos. Las peregrinaciones a todo tipo de lugares extraños, como campos de ejecución, cementerios o casas supuestamente embrujadas, eran los pasatiempos favoritos de los jóvenes. En los días en que la decapitación era pública, no solamente se enviaba a los niños pequeños a presenciar aquella espantosa escena, sino que se les hacía visitar solos el lugar en medio de la oscuridad nocturna y dejar allí una marca de su visita en la cabeza sin cuerpo.

¿Acaso este sistema ultra disciplinado de "entrenar los nervios" no ataca la pedagogía moderna respecto al horror y la desconfianza? ¿Desconfianza sobre si esta tendencia no sería más bien embrutecedora, cortando de raíz las tiernas emociones del corazón? Veamos los otros conceptos de valentía que tenía el Bushidō.

El aspecto espiritual de la valentía se evidencia por la compostura o presencia calmada de la mente. La tranquilidad es el coraje en reposo. Es una manifestación estática de la valentía, puesto que las hazañas temerarias son lo dinámico. Un hombre verdaderamente valiente está siempre sereno, nunca es tomado por sorpresa y nada sobrepasa la imparcialidad de su espíritu. En el calor de la batalla se mantiene frío y en la mitad de las catástrofes mantiene equilibrados sus pensamientos. Los temblores no lo sacuden y ríe en medio de las tormentas. Lo admiramos como alguien verdaderamente grande, que ante la presencia amenazadora del peligro o de la muerte mantiene la cordura. Como alguien que, por ejemplo, puede escribir un poema o tararear una canción al momento de encarar la muerte. Tal indulgencia, que no es traicionada por el temblor de la mano o de la voz, es tomada como muestra infalible de una gran naturaleza; de lo que llamamos una mente capacitada (*yoyū*), que bajo presión o al ser estar abarrotada siempre tiene espacio para algo más.

Un ejemplo de esto ha llegado a nosotros a través de una historia auténtica. Ōta Dokan, el gran constructor de castillos de Tokio, fue atravesado por una lanza, y su asesino, sabiendo la predilección poética de su víctima, acompañó su estocada con las siguientes líneas:

¡Ah! De qué manera en momentos como este
nuestro corazón reniega de la luz de la vida.

A lo que el héroe moribundo, en lo absoluto intimidado por la herida mortal en su costado, añadió:

No había en horas de paz
aprendido a mirar con ligereza la vida.

Incluso hay un elemento deportivo en la naturaleza de un valiente. Las cosas que son serias para la gente ordinaria, para el valeroso pueden ser un juego. En ese sentido, en el viejo arte de la guerra no era del todo raro para ambas partes de un conflicto intercambiar réplicas o iniciar una contienda retórica El combate no era solamente materia de fuerza bruta. Era también, en gran medida, un encuentro intelectual.

De tal carácter fue la batalla que tuvo lugar en las laderas del río Koromo a finales del siglo XI. Guiado por Abe no Sadatō[36], el ejército oriental inició la retirada. El general que lo perseguía presionó con fuerza y gritó: "Es una deshonra que un guerrero muestre la espalda al enemigo". Acto seguido, Sadatō frenó a su caballo y gritó un verso improvisado:

Hecha jirones está la urdimbre de la tela (koromo).

Apenas habían salido estas palabras de sus labios cuando el guerrero derrotado, sin desanimarse, completó el poema:

Ya que el tiempo ha desgastado sus hilos por el uso.

Minamoto no Yoshiie[37], quien hizo una reverencia mientras lo escuchaba, repentinamente detuvo su perse-

---

36   Vivió entre 1019 y 1062. Fue uno de los mayores contribuyentes del clan Abe.

37   También conocido como Hachimantarō (1039-1106), fue un samurái del clan Minamoto de finales del período Heian.

cución y se alejó, dejando a su prospecto de víctima hacer lo que quisiera. Cuando fue cuestionado por su extraño comportamiento, contestó que no se atrevía a poner en ridículo a aquel que había mantenido su presencia de mente mientras era fuertemente perseguido por su enemigo.

El dolor que embargó a Antonio y Octavio al morir Bruto ha sido la experiencia de todos los hombres valientes. Kenshin, quien luchó durante catorce largos años contra Takeda Shingen[38], al enterarse de la muerte de este, lloró largamente por la pérdida del "mejor de los enemigos". Fue este mismo Kenshin el que había dado un ejemplo de tal nobleza que generaría un impacto a lo largo de los tiempos, con el trato que dio a Shingen, cuyas provincias se encontraban en una región montañosa bastante alejada del mar y, que consecuentemente, habían dependido de las provincias de Hōjō del Tōkaidō para buscar sal. El príncipe de Hōjō, deseoso de debilitarlo, aunque no abiertamente en guerra con él, había cortado a Shingen todo tráfico de esta importante roca mineral. Kenshin, en conocimiento del problema de su enemigo y pudiendo obtener sal en la costa de sus propios dominios, escribió a Shingen que, en su opinión, el señor de Hōjō había cometido un acto muy mezquino y que, aunque él (Kenshin) estaba en guerra con él (Shingen), había ordenado a sus súbditos que le suministraran sal en abundancia, añadiendo: "Yo no lucho con sal, sino con la espada". Esto da cuenta de más de un paralelismo con las palabras de Camilo: "Nosotros, los romanos, no luchamos con oro, sino con hierro".

---

38   Fue *daimyō* de Shinano y Kai, así como uno de los que lucharon por el control de Japón durante el período Sengoku. Vivió entre 1521 y 1573.

Nietzsche habló en nombre del corazón samurái cuando escribió: "Debes estar orgulloso de tu enemigo. Entonces, el éxito de tu enemigo será también el tuyo". De hecho, el valor y el honor exigen que tengamos como enemigos en la guerra solamente a aquellos que demuestren poder ser dignos amigos en la paz. Cuando la valentía alcanza esta altura, se convierte en algo parecido a la benevolencia.

Capítulo V
La benevolencia,
el sentimiento del socorro

El amor, la grandeza, el afecto, la compasión y la piedad fueron siempre reconocidas como virtudes supremas; las más altas de todas las cualidades del alma humana. La benevolencia era juzgada una virtud principesca en un doble sentido: como una de las múltiples cualidades que debía poseer un espíritu noble y también por ser propia de la profesión de un príncipe. No necesitamos a Shakespeare para sentir —aunque quizás, como el resto del mundo, lo necesitamos para expresar— que la misericordia se volvió mejor monarca que una corona y que estaba por encima del vaivén de un cetro. Cuán a menudo Confucio y Mencio repitieron que el requisito más importante de un mandatario era la benevolencia. Confucio decía: "El príncipe que cultiva la virtud, reunirá gente a su alrededor; con la gente, tendrá tierras; con las tierras, abundancia; y con la abundancia, ventaja sobre lo correcto. La virtud es la raíz y la abundancia el resultado". Una vez más "nunca ha habido un soberano amante de la benevolencia y de la gente no amante de la rectitud". Mencio se le acerca diciendo: "Hay casos conocidos de individuos que, sin benevolencia, lograron el poder supremo en un solo estado, pero nunca he escuchado de que un imperio entero caiga en manos de alguien que carezca de esta virtud". También dijo que "es imposible que alguien llegue a ser gobernante del pueblo al que este no haya sometido el corazón". Ambos definieron este requisito imprescindible en esta regla: "Benevolencia es hombre". Bajo el régimen del feudalismo, que fácilmente se podría llamar militarismo, fue la benevolencia a la que debimos la liberación del despotismo de la peor clase. Una entrega completa de "vida e integridad física" de parte del gobernador no habría dejado para el pueblo nada excepto la voluntad propia. Y esta tiene como consecuencia natural el crecimiento de ese absolutismo tan a menudo llamado "despotismo oriental". ¡Como si no hubiera déspotas en la historia occidental!

Que esté lejos de mí defender el despotismo de cualquier tipo, pero es un error identificar el feudalismo con él. Cuando Federico el Grande escribió que los "reyes son los primeros criados del Estado", los juristas correctamente pensaron que una nueva era había llegado de la mano del desarrollo de la libertad. Extrañamente, al mismo tiempo al noroeste de Japón, Yozan de Yonezawa[39] hizo la misma exacta declaración, demostrando que el feudalismo no era del todo tiránico y opresivo. Príncipe feudal, poseía un mayor sentido de la responsabilidad con sus antepasados y el cielo, a pesar de no tener obligaciones recíprocas con sus vasallos. Era un padre para sus súbditos, lo que el cielo había dejado a su cuidado. En un sentido generalmente no relacionado al término, el Bushidō aceptó y corroboró el

---

39   Gran reformador social y económico del feudalismo tardío del período Edo, combatió la hambruna y pobreza impulsando la industria textil.

gobierno paternalista, cosa que también era al contraponerse al gobierno paternalista menos interesado (¡es decir, el del Tío Sam!). La diferencia entre un gobierno despótico y uno paternalista reside en esto: mientras uno es obedecido con renuencia, en el otro lo hacen con "esa sumisión orgullosa, esa obediencia dignificadora, esa subordinación del corazón que mantenía vivo, incluso en la misma servidumbre, el espíritu de exaltada libertad"[40]. No es enteramente falso el viejo refrán que llamó al rey de Inglaterra "el rey de los diablos", debido a las insurrecciones que a menudo se producían en su contra y las destituciones de sus príncipes; ni el que hizo al monarca francés "el rey de los asnos", debido a sus imposiciones e impuestos. Tampoco el que dio el título de "el rey de los hombres" al soberano de España, debido a la gente que estaba dispuesta a obedecerle. ¡Pero suficiente!

La virtud y el poder absoluto son términos que para la mente anglosajona posiblemente sean imposibles de armonizar. Konstantín Pobedonóstsev nos ha mostrado con claridad el contraste entre la fundación de Inglaterra y la de otras comunidades europeas, en sentido de que estas últimas fueron organizadas en base a un interés común, mientras que las otras se distinguieron por una personalidad independiente muy desarrollada. Lo que este estadista ruso dice de la dependencia personal de individuos en torno a una cierta alianza social y al final de finales del Estado, entre las naciones continentales de Europa y particularmente entre la gente eslava, es doblemente cierto de los japoneses. De ahí que el libre ejercicio del poder monárquico no nos afecte tanto como en Europa y que,

---

40   Nota del autor: Edmund Burke, "French Revolution".

además, esté moderado por una consideración paternal hacia los sentimientos del pueblo. "El absolutismo —dice Otto von Bismarck— exige principalmente en el gobernante imparcialidad, honestidad, devoción, energía y humildad". Si se me permite una cita más sobre el tema, recordaré el discurso del emperador alemán en Coblenza, quien hablaba de "la realeza, por la gracia de Dios, con sus pesados deberes, tan solo su tremenda responsabilidad ante el Creador, de la que ningún hombre ni ministro ni parlamento puede liberar al monarca".

Hoy sabemos que la benevolencia era una virtud blanda y maternal. Si la rectitud honesta y la justicia severa eran particularmente masculinas, la misericordia tenía la amabilidad y la persuasión propias de la naturaleza femenina. Todos fuimos advertidos contra la complacencia y la caridad indiscriminada, sin el condimento de la justicia y la rectitud. Masamune[41] lo expresó en su conocido aforismo: "La rectitud llevada al exceso se endurece hasta la rigidez y la benevolencia complaciente en desmesura se hunde en la debilidad".

Afortunadamente, la misericordia no era tan rara como hermosa, porque es una verdad universal que "el más valiente es el más blando y el que ama el más arriesgado". *Bushi no nasaké*, la ternura del guerrero, tenía un sonido que inmediatamente había apelado a lo que era noble en nosotros. No es que la misericordia de un samurái fuera genéricamente diferente a la de cualquier otro, sino que implicaba misericordia donde esta no era un impulso ciego; donde reconocía respeto debido a la justicia. La misericordia no seguía siendo simplemente cierto estado de la

---

41   Date Masamune (1567-1636), primer *daimyō* de Sendai.

mente, porque era respaldada por la capacidad de salvar o matar. Así como los economistas hablan de una demanda eficaz o ineficaz, de manera semejante podemos llamar la misericordia del *bushi* eficaz, puesto que implicó la capacidad de actuar para el bien o el detrimento del otro.

Enorgullecidos como estaban de su fuerza bruta y de sus privilegios para hacerla valer, los samuráis dieron pleno consentimiento a lo que enseñaba Mencio sobre el poder del amor. "La benevolencia —dice— somete a su dominio todo lo que obstaculiza su poder, igual que el agua lo hace con el fuego. Solamente dudan del poder del agua para apagar las llamas quienes intentan extinguir con una taza un vagón lleno de escorias ardiendo". También dice que "el sentimiento de angustia es la raíz de la benevolencia, por lo que un hombre benevolente siempre tiene presentes a los que sufren y están en problemas". Así, Mencio se anticipó mucho a Adam Smith, quien funda su filosofía ética en la simpatía.

Es realmente sorprendente cómo el código de honor de los caballeros de un país coincide tan de cerca con el de otros. Es decir, cómo las ideas orientales muchas veces abusadas en la forma de moralejas encuentran sus contrapartes en las máximas más nobles de la literatura europea. Si las famosas líneas *"hæ tibi erunt artes, pacique imponere morem, parcere subiectis et debellare superbos"*[42] fueran mostradas a un caballero japonés, él fácilmente podría acusar a Virgilio de plagiar la literatura de su propio país.

---

42   Versos de Virgilio que pueden traducirse de la siguiente manera: "Estos serán tus principales cuidados, imponer las buenas costumbres en tiempos de paz, ser indulgente con los súbditos y declarar la guerra a los soberbios".

La benevolencia hacia los débiles, oprimidos o vencidos siempre se ha ensalzado como algo característico del samurái. Los amantes del arte japonés ya deben estar familiarizados con la representación de un sacerdote cabalgando de espaldas sobre una vaca. Este jinete fue en su día un guerrero que hizo de su nombre sinónimo de terror. En la terrible batalla de Sumano-ura[43] (1184 d. C.), una de las más decisivas de nuestra historia, alcanzó a un enemigo y, en un singular combate, lo apresó con sus gigantescos brazos. En la guerra, la etiqueta requería que en tales ocasiones no fuera derramada sangre a menos que la parte más débil demostrara ser de igual rango o capacidad que su enemigo. El feroz combatiente quería saber el nombre del hombre que tenía debajo, pero este se negaba a darlo a conocer. Entonces le arrancaron el yelmo sin piedad y la visión de un rostro juvenil, hermoso e imberbe hizo que el asombrado caballero se relajara. Ayudó al joven a ponerse de pie y en tono paternal le dijo: "¡Vete, joven príncipe, al lado de tu madre! La espada de Kumagaye nunca será deslustrada por una gota de tu sangre. ¡Huye rápido antes de que los enemigos te vean!". Rechazando irse, el joven guerrero le pidió a Kumagaye honor para los dos y que lo ejecutara inmediatamente. Sobre la vieja cabeza del veterano resplandecía la fría espada, que tantas otras veces había cortado las cuerdas de la vida. Pero su robusto corazón se estremecía, pues en su mente tenía la visión de

---

43   Batalla en la que el todopoderoso clan Taira fue derrotado por el clan Minamoto durante las llamadas Guerras Genpei, las cuales se prolongaron hasta 1185. Estas causarían tal impresión en el imaginario popular que darían origen a la literatura romántica, la cual a su vez serviría de base narrativa del teatro kabuki y nō.

su propio hijo, que ese mismo día se había marchado al son de la corneta para probar sus brazos por primera vez. La fuerte mano del guerrero entonces tembló y de nuevo suplicó a su víctima que huyera por su vida. Al ver que todas sus súplicas eran vanas y oír los pasos de sus camaradas acercándose exclamó: "Si te alcanzan, tal vez caigas en manos más innobles que las mías ¡Oh, tú, Infinito, recibe su alma!". En un instante la espada centelló en el aire y, al caer, se cubrió de rojo con sangre adolescente. Cuando la guerra terminó, el soldado regresó triunfante. Pero poco le importaron el honor o la fama: renunció a su carrera guerrera, se afeitó la cabeza, se vistió de sacerdote y dedicó el resto de sus días a la santa peregrinación, sin volver nunca la espalda a Occidente, donde se encuentra el Paraíso de donde viene la salvación y hacia donde el sol se apresura diariamente para su descanso.

Por su vulnerabilidad a la casuística, los críticos encontrarán falencias en esta historia. Dejen que lo hagan: sigue demostrando esa dulzura, compasión y amor que fueron tan características de las hazañas más sanguinarias del samurái. Era una vieja máxima entre ellos que "no conviene al cazador matar al pájaro que se refugia en su pecho". Esto explica en gran medida por qué el movimiento de la Cruz Roja, considerado particularmente cristiano, encontró tan fácilmente una base sólida entre nosotros. Por décadas, antes de que escucháramos hablar de las Convenciones de Ginebra, Takizawa Bakin[44], nuestro más grande novelista, nos había familiarizado con el tratamiento médico de un

---

44   1767-1848. Fue el último novelista japonés importante antes de la Restauración Meiji de 1868. Escribió numerosos libros con el propósito de "fomentar la virtud y censurar el vicio".

enemigo caído. En el principado de Satsuma, notable por su espíritu marcial y educación, era costumbre que los jóvenes practicaran la música, no al son de las trompetas o de los tambores, "esos clamorosos heraldos de la sangre y de la muerte" que nos incitan a imitar a un tigre, sino con melodías tristes y tiernas de la *biwa*[45], que calman nuestros espíritus ardientes y alejan nuestros pensamientos del olor a sangre y de las escenas de carnicería. Polibio habla de la Constitución de Arcadia, que obligaba a todos los jóvenes menores de treinta años a practicar la música, para que este suave arte aliviara los rigores de aquella inclemente región. A su influencia se atribuye la ausencia de crueldad en esa parte de las montañas arcádicas.

Satsuma tampoco era el único lugar de Japón donde se enseñaba la dulzura a la clase guerrera. Un príncipe de Shirakawa[46] anotó sus pensamientos al azar y entre ellos está el siguiente: "Aunque se acerquen sigilosamente a tu lecho en la silenciosa vigilia nocturna, no los alejes y más bien aprécialos; la fragancia de las flores, el sonido de las campanas lejanas, el zumbido de los insectos en una noche helada". Y después: "Aunque hieran tus sentimientos, solo a estos tres tienes que perdonar: a la brisa que esparce tus flores, a la nube que oculta tu luna y al hombre que intenta pelearse contigo".

Se fomentaba la escritura de versos no solamente para expresar estas emociones más suaves, sino también para cultivarlas. Nuestra poesía tiene, por lo tanto, un fuerte

---

45   Nota del autor: Instrumento musical parecido a la guitarra.
46   Probablemente se refiera al príncipe Mochihito (1150-1180), hijo del emperador Go-Shirakawa, quien tuvo una importante participación en las Guerras Genpei.

trasfondo de *pathos*[47] y ternura. Una conocida anécdota de un samurái del campo ilustra este caso. Cuando se le dijo que aprendiera a versificar y se le dio como primer tema "las notas de la curruca"[48], su espíritu ardiente se rebeló y arrojó a los pies de su maestro esta tosca producción:

> *El valiente guerrero aparta*
> *el oído que podría escuchar*
> *el canto de la curruca.*

Impávido ante el crudo sentimiento, su amo continuó animando hasta que un día la música del alma del joven fue despertada y respondió a las notas dulces del uguisu:

> *Se alza el guerrero, corpulento y fuerte,*
> *para oír la canción del uguisu*
> *que entonan dulcemente los árboles.*

Admiramos y gozamos el incidente heroico en la corta vida de Theodor Körner, cuando estando herido en el campo de batalla escribe su famoso "Adiós a la vida". Incidentes similares eran en absoluto inusuales en nuestra guerra. Nuestros poemas concisos y epigramáticos se prestaban especialmente bien para la improvisación de un único sentimiento. Todo el mundo con cierta educación era poeta o poetastro. No era infrecuente ver a un soldado en marcha detenerse, sacar sus utensilios de escritura del cinto y componer una oda. Esos papeles eran después en-

---

47   Del griego, "estado de ánimo".

48   Nota del autor: El uguisu o curruca, denominado a veces como "ruiseñor de Japón".

contrados en los cascos o en las corazas, cuando se los quitaban ya sin vida.

Lo que el cristianismo ha hecho en Europa con respecto a las muestras de compasión en medio de horrores beligerantes, el amor a la música y las letras ha hecho en Japón. Cultivar sentimientos tiernos engendra la consideración por el sufrimiento ajeno. La modestia y la complacencia, motivadas por el respeto a los sentimientos del otro, son la base de la cortesía.

Capítulo VI
La cortesía

La cortesía y los buenos modales han sido considerados como un marcado rasgo japonés por cada turista extranjero. Pero la cortesía es una virtud pobre si está únicamente motivada por el temor a ofender al otro. En realidad, debería ser la manifestación externa de una consideración comprensiva por los sentimientos de los demás. También implica una debida deferencia por la idoneidad de las cosas, es decir, el debido respeto a las posiciones sociales, ya que estas últimas no guardan relación con las distinciones plutocráticas, sino que se originaron por mérito real.

En su forma más elevada, la cortesía casi se acerca al amor. Podemos decir reverentemente que la cortesía es sinónimo de "gran tolerancia y amabilidad, sin envidia ni alabanza de sí misma, que no es alzada ni apunta a pasar desapercibida, que no se busca ni se provoca fácilmente, que no tiene en cuenta el mal". ¿No es una maravilla que el profesor Dean[49], en el discurso de los seis elementos de la humanidad, posicione alta la cortesía por ser la fruta más madura del intercambio social?

Mientras la cortesía sea ensalzada de esa manera, la seguiré poniendo a la vanguardia de las virtudes. De hecho,

49 Probablemente se refiera a Bailey Sutton Dean (1845-1919), profesor de historia del Hiram College, Estados Unidos.

si la analizáramos, encontraríamos que está correlacionada con otras virtudes de una jerarquía mayor. ¿Pero qué virtud puede separarse de la otra? Mientras —o debido a— que fue exaltada como peculiar en la carrera de las armas y, como tal, estimada en un grado mayor que otras, aparecieron sus falsificaciones. El propio Confucio ha enseñado en repetidas ocasiones que los complementos externos son tan poco propios del decoro como lo son los sonidos de la música.

Cuando la propiedad fue elevada al *sine qua non*[50] del intercambio social, era esperable que se pusiera de moda un elaborado sistema de etiqueta para formar a los jóvenes en un comportamiento socialmente correcto. Se enseñaba y aprendía con sumo cuidado de qué manera inclinarse al saludar a los demás, caminar y sentarse. Los modales en la mesa se convirtieron en una ciencia. Servir y beber el té, en una ceremonia. De un hombre educado se espera, por supuesto, que domine todo lo anterior. Muy acertadamente, Thorstein Veblen, en su interesante libro[51], llama al decoro "un producto y un exponente de la vida de la clase ociosa".

He escuchado observaciones de europeos, hechas a la ligera, sobre nuestra elaborada disciplina en torno a la cortesía. Se ha criticado que absorbe demasiado nuestro pensamiento y que es una locura obedecerla estrictamente hasta tal punto. Admito que puede haber delicadezas innecesarias como parte de la etiqueta de las ceremonias, pero no tengo muy claro si tiene tanto de locura como la adhesión a las siempre cambiantes modas provenientes de Occidente. Yo ni siquiera considero que las modas

---

50 Del latín, "indispensable".
51 Nota del autor: "Theory of the Leisure Class", pág. 46.

sean meros caprichos de la vanidad. Al contrario, las veo como una búsqueda incesante de lo bello por parte de la mente humana. Mucho menos considero que las ceremonias sean del todo banales, pues dan cuenta de una larga observación sobre el método más apropiado para lograr un determinado resultado. Si hay algo que hacer, sin duda hay una mejor manera de hacerlo. Y la mejor manera es tanto la más económica como la más elegante. Herbert Spencer define la gracia como la manera más accesible de moverse. La ceremonia del té presenta ciertas maneras definidas de utilizar un cuenco, una cuchara o una servilleta, que a un principiante le pueden parecer tediosas. Pero pronto se descubre que la manera prescrita es, en realidad, la que ahorra más tiempo y trabajo. En otras palabras, el uso más económico de la fuerza es, según el dictamen de Spencer, el más elegante.

El significado espiritual del decoro social —o podría decir, tomando prestado de la "Filosofía de la ropa"[52], la disciplina espiritual donde la etiqueta y la ceremonia son meros ropajes exteriores— está fuera de toda proporción con lo que su apariencia nos lleva a pensar. Podría seguir el ejemplo del señor Spencer y rastrear en nuestras instituciones ceremoniales sus orígenes y los motivos morales por los que fueron creadas. Pero no es eso lo que intentaré hacer en este libro. Lo que quiero destacar es la formación moral que implica la estricta observancia del decoro.

Ya he dicho que la etiqueta se fue creando con sumo cuidado, hasta el punto de que surgieron escuelas con sistemas distintos. Pero todas se unían alrededor de lo esen-

---

52 Se refiere al texto contenido en "Sartor Resartus: The Life and Opinions of Herr Teufelsdröckh in Three Books", de Thomas Carlyle.

cial, lo que fue expresado por un gran exponente de la escuela de etiqueta más conocida, Ogasawara, en los siguientes términos: "El fin de toda etiqueta es cultivar tu mente de tal modo que, incluso cuando estés tranquilamente sentado, ni el más rudo de los rufianes se atreva a atacarte". Significa, en otras palabras, que, a través del ejercicio constante de los modales correctos, uno pone todas las partes y facultades de su cuerpo en perfecto orden y en tal armonía consigo mismo y con su entorno que logra expresar el dominio del espíritu sobre la carne. ¡Qué significado tan nuevo y profundo encierra la palabra francesa *biensèance*[53]!

Si es cierta la premisa de que la gracia es sinónimo de economía de fuerza, entonces la lógica dicta que la práctica constante de una conducta elegante debe traer consigo una reserva y almacenamiento de fuerza. Los buenos modales, por lo tanto, significan poder en reposo. Cuando los bárbaros de Galia, durante el saqueo de Roma, irrumpieron en el Senado y se atrevieron a tirar de las barbas de los venerables padres, pensamos que los ancianos caballeros tuvieron la culpa, en la medida en que carecían de dignidad y fuerza de modales. ¿Es realmente posible alcanzar logros espirituales elevados a través de la etiqueta? ¿Por qué no? ¡Todos los caminos llevan a Roma!

Un ejemplo de cómo lo más simple puede convertirse en arte y luego en cultura espiritual es el *cha-no-yu*. ¡Tomar el té como un arte! ¿Por qué no debería serlo? En los niños que hacen dibujos en la arena o en los salvajes que tallan en una roca, estaba la promesa de un Rafael o un Miguel Ángel. ¿Qué tanto el consumo de una bebida, que

---

53   Nota del autor: Etimológicamente, "estar bien sentado".

comenzó con la contemplación trascendental de un anacoreta hindú, tiene derecho a servir a la religión y la moral? La calma de la mente, la serenidad del temperamento, la compostura y la tranquilidad del comportamiento —primeros elementos esenciales del *cha-no-yu*— son, sin duda, las condiciones primarias del correcto pensar y sentir. La minuciosa limpieza de la pequeña habitación, aislada de la vista y el ruido de la multitud, es en sí misma propicia para alejar los pensamientos del mundo. El desnudo interior no capta tanto la atención como los innumerables cuadros y adornos de un salón occidental; la presencia del *kakémono*[54] nos atrae más por la gracia del diseño que por la belleza del color. El objetivo es el máximo refinamiento del gusto, mientras que todo lo que se asemeje a la ostentación es descartado con horror. El mero hecho de que fuera inventado por un recluso en estado de contemplación, en una época en la que las guerras y sus rumores eran incesantes, demuestra que esta institución era algo más que un pasatiempo. Antes de entrar en el tranquilo recinto del salón de té, la compañía que se reunía para participar en esta ceremonia dejaba a un lado, junto con sus espadas, la ferocidad del campo de batalla o las preocupaciones del gobierno. Allí encontraban paz y amistad.

El *cha-no-yu* es más que una ceremonia: es arte y poesía, con gestos articulados para el ritmo. Es un *modus operandi*[55] de la disciplina del alma. Su mayor valor está en esta última fase. No es raro que las otras prevalezcan en la

---

54 Nota del autor: Rollos colgantes, ya sea pinturas o ideogramas, usados con fines decorativos.
55 Del latín, podría interpretarse como la "manera de actuar para obtener un fin".

mente de sus seguidores, pero eso no es indicador de que su esencia no sea de naturaleza espiritual.

La cortesía es una gran adquisición si solo insufla gracia a los modales. Sin embargo, su función no termina aquí. Porque el decoro, brotando como lo hace por razones de benevolencia y modestia, y ejecutado por medio de tiernos sentimientos hacia las sensibilidades de los otros, es siempre una expresión de simpatía con gracia. Su exigencia es que lloremos con los que lloran y nos alegremos con los que se alegran. Esa exigencia didáctica, cuando se reduce a los pequeños detalles cotidianos de la vida, se expresa en pequeños actos apenas perceptibles. Y si se notan son, como me dijo una vez una misionera con veinte años de residencia, "terriblemente graciosos". Estás afuera, bajo el ardiente y deslumbrante sol y sin sombra alguna, cuando pasa un conocido japonés. Lo saludas y al instante se quita el sombrero. Eso es perfectamente natural, lo "terriblemente gracioso" es que, mientras él habla contigo, baja la sombrilla y se queda parado bajo aquel sol inclemente. ¡Qué tontería! Sí, exactamente así fue el motivo: "Estás al sol y me compadezco de ti. De buena gana te acogería bajo mi sombrilla, si fuera lo bastante grande o si nos conociéramos familiarmente. Pero como no puedo darte sombra, comparto tus incomodidades". Pequeños actos de este tipo, igual o más divertidos, no son meros gestos o convencionalismos. Son "expresiones corporales" de sentimientos de consideración hacia los demás.

Otra costumbre "terriblemente graciosa" tiene que ver con nuestros cánones de cortesía. Aunque muchos autores que han escrito sobre Japón la han descartado, simplemente atribuyéndola a la confusión general del país. Todo extranjero que la haya observado confesará la incomodidad que sintió al momento de responder adecuadamente a ella. En Estados Unidos, cuando se hace un regalo, se cantan alabanzas al destinatario; al tiempo que en Japón lo despreciamos o calumnias. La idea subyacente en el primer caso es: "Este es un bonito regalo. Si no fuera bonito no me atrevería a dártelo, porque sería un insulto darte algo que no fuera bonito". En contraste, nuestra lógica es: "Eres una persona agradable y ningún regalo será lo suficientemente bueno para ti. No aceptarás nada de lo que pueda poner a tus pies, si no es como muestra de mi buena voluntad. Así que acepta esto no por su valor intrínseco, sino como muestra. Sería un insulto a tu valor llamar al mejor regalo lo suficientemente bueno para ti". Pongamos las dos ideas la una al lado de la otra y veamos que la última es una y la misma. Ninguna de las dos es "terriblemente graciosa". El estadounidense habla del material que hace al regalo; el japonés, del espíritu que incita al regalo.

Nuestro sentido del decoro queda demostrado en las ramificaciones más pequeñas de nuestro comportamiento, por lo que tomar la menos importante de ellas como modelo y emitir un juicio sobre el principio mismo sería llegar a conclusiones a través de un razonamiento perverso. ¿Qué es más importante? ¿Comer o respetar las normas durante la comida? Un sabio chino responde: "Si haces una análisis comparativo de un caso en el que comer es lo más importante y seguir las reglas del decoro tiene poca importancia, ¿por qué decir que comer es más importante?" Dicen que el metal pesa más que las plumas, ¿pero se refiere ese dicho a un solo broche de metal y a un vagón cargado de plumas? Tomen un trozo de madera de un palmo de grosor y levántenlo por encima del pináculo de un templo y nadie lo considerará más alto que el templo. A la pregunta "¿qué es más importante? ¿decir la verdad o ser educado?", se dice que los japoneses dan una respuesta diametralmente opuesta a la de los estadounidenses. Pero me abstendré de hacer comentarios hasta que les hable de la veracidad.

Capítulo VII
La verdad o la honradez

Sin la verdad o veracidad, la cortesía es una farsa y un espectáculo. "El decoro llevado más allá de los límites correctos —dice Masamune— se convierte en mentira". Un antiguo poeta ha superado a Polonio con el siguiente consejo: "Sé fiel a ti mismo. Si en tu corazón no te apartas de la verdad, aún si no oras los dioses te mantendrán íntegro". La apoteosis de la sinceridad a la que Zisi[56] da expresión en la "La doctrina del medio" le atribuye poderes trascendentales a esta, casi identificándolos con lo divino. "La sinceridad es el fin y el principio de todas las cosas. Sin sinceridad no habría nada". Luego se detiene con elocuencia en su naturaleza de largo alcance y perdurable; así como en su poder para producir cambios sin movimiento y en cómo su mera presencia cumple su propósito sin esfuerzo. A partir del ideograma chino de la sinceridad, que es una combinación de "palabra" y "perfecto", uno se siente tentado a trazar un paralelismo entre ella y la doctrina neoplatónica del *logos*[57]. Hasta tal altura se eleva el sabio en su insólito vuelo místico.

La mentira o el equívoco se consideraban igual de cobardes. El *bushi* consideraba que su elevada posición social

56   Nieto de Confucio.
57   Del latín, "discurso que da razón de las cosas".

le exigía un estándar de veracidad más elevado que el del comerciante y el campesino. *Bushi no ichi-gon* —la palabra de un samurái o, en su equivalente alemán, *ein ritterwort*— era garantía suficiente de la veracidad de cualquier afirmación. Su palabra tenía tanto peso que, generalmente, las promesas se hacían y se cumplían sin un compromiso por escrito, puesto que esto se habría considerado muy por debajo de su dignidad. Se contaban muchas anécdotas emocionantes de aquellos que expiaban con la muerte el *ni-gon*, la doble lengua.

La consideración por la veracidad era tan alta que, a diferencia de la mayoría de los cristianos, que persistentemente incumplen el mandato de no blasfemar, los mejores samuráis consideraban el juramento como algo denigrante para su honor. Soy muy consciente de que juraban por diferentes deidades o sobre sus espadas, pero nunca los juramentos se realizaban de forma gratuita o eran exclamaciones irreverentes. Para enfatizar las palabras, a veces se recurría a la práctica de, literalmente, sellarlas con sangre. Para la explicación de tal práctica, solamente necesito remitir a mis lectores al "Fausto" de Goethe.

Un escritor estadounidense actual es responsable de la afirmación según la que si se pregunta a un japonés común y corriente qué es mejor, decir una falsedad o ser descortés, no dudará en responder: "¡Decir una falsedad!". En esto, el doctor Peery[58] está parcialmente en lo correcto y parcialmente en lo incorrecto. En lo correcto porque un japonés común y corriente, incluso un samurái, puede res-

---

58 Nota del autor: Rufus Benton Peery, "The Gist of Japan", pág. 86. Nota del traductor: Peery (1868-1934) fue un teólogo y misionero luterano en Japón.

ponder de la forma que se le atribuye; en lo incorrecto, porque atribuye demasiada importancia al término que traduce como "falsedad". Esta palabra (*uso*) se emplea para denotar cualquier cosa que no sea una verdad (*makoto*) o un hecho (*honto*). Dice James Russell Lowell que William Wordsworth no podía distinguir entre verdad y hecho. Un japonés corriente es tan bueno como Wordsworth en este sentido. Pídele a uno, o incluso a un americano de cualquier refinamiento, que te diga si le caes mal o si está enfermo del estómago, y no dudará mucho en decir falsedades y contestar: "Me caes muy bien" o "estoy bastante bien, gracias". Sacrificar la verdad por mera cortesía se consideraba una "forma vacía" (*kyo-rei*). Un "engaño con palabras dulces" que nunca estaba justificado.

Reconozco que ahora estoy hablando de la idea que tiene el Bushidō sobre la veracidad, pero quizá no esté de más dedicar unas palabras a nuestra integridad comercial, de la que he oído tantas quejas en libros y periódicos extranjeros. Una moral de negocios laxa ha sido, en efecto, la peor mancha en nuestra reputación nacional. Pero antes de abusarla o de condenar apresuradamente a todos los japoneses por ella, estudiémosla con calma para ser recompensados con consuelo para el futuro.

De todas las grandes ocupaciones que había en la vida, ninguna estaba más alejada de la profesión de las armas que el comercio. El comerciante ocupaba el lugar más bajo en la escala: el caballero, el agricultor, el mecánico, el mercader. El samurái lograba sus ingresos gracias a la tierra e incluso podía dedicarse, si se lo proponía, a la agricultura de aficionado. Pero trabajar con el contador y el ábaco era aborrecible. Y teníamos clara la lógica tras este arreglo social. Montesquieu ha dejado claro que la exclusión de la nobleza de las actividades comerciales era una política social admirable, ya que impedía que la riqueza fuera a acumularse en manos de los poderosos. La separación del poder y de la riqueza hizo que la distribución de esta última fuera más equitativa. Sir Samuel Dill, autor de "Roman Society in the Last Century of the Western Empire", nos recuerda que una de las causas de la decadencia del Imperio Romano fue el permiso concedido a la nobleza para dedicarse al comercio, puesto que generó un monopolio de la riqueza y del poder en favor de unas pocas familias senatoriales.

El comercio en el Japón feudal, por lo tanto, no alcanzó el grado de desarrollo que habría alcanzado en condiciones más libres. La deshonra asociada a la profesión atrajo naturalmente a aquellos a los que les importaba poco su reputación social. "Llama a uno ladrón y robará"; pon un estigma a una vocación y sus seguidores ajustarán su moral a ella, porque es natural que "la conciencia normal —como dice Hugh Black— se eleve a las demandas que se le hacen y caiga fácilmente al límite del estándar que se espera de ella". No es necesario añadir que ningún negocio, comercial o de otro tipo, puede desarrollarse sin un código moral. Los comerciantes del período feudal tenían uno entre ellos, sin el cual nunca habrían podido crear, como lo hicieron, instituciones mercantiles tan fundamentales como el gremio, el banco, la bolsa, el seguro, el cheque, la letra de cambio, entre otros. Pero en sus relaciones con personas ajenas a su vocación, los comerciantes vivían demasiado fieles a la reputación de su grupo.

Siendo este el caso, cuando el país se abrió al comercio

exterior, únicamente los más aventureros e inescrupulosos se apuraron hacia los puertos, mientras que las casas de negocios respetables declinaron por cierto tiempo las reiteradas peticiones de las autoridades para establecer sucursales. ¿Fue el Bushidō impotente para frenar la deshonra del sector comercial? Veamos.

Quienes conozcan bien nuestra historia recordarán que solamente unos pocos años después de que los puertos del tratado se abrieran al comercio exterior, se abolió el feudalismo. Y con esta abolición, se tomaron los feudos de los samuráis, quienes fueron compensados por bonos y tuvieron la libertad de invertirlos en transacciones mercantiles. Ahora se preguntarán: "¿Por qué no pudieron llevar la veracidad de la que tanto se jactaban a sus nuevas relaciones comerciales y así rectificar los antiguos abusos?". Aquellos que tenían ojos para ver, no podían llorar lo suficiente. Los que tenían corazones para sentir, no podían simpatizar lo suficiente con el destino de muchos nobles y honestos samuráis que fracasaron de manera irrevocable y significativa en el nuevo y desconocido campo del comercio. Era pura falta de astucia para hacer frente a sus rivales plebeyos. Cuando sabemos que el ochenta por ciento de las empresas fracasan en un país tan industrial como Estados Unidos, ¿realmente es de extrañar que apenas uno de cada cien samuráis que se dedicaron al comercio tuviera éxito en su nueva vocación? Pasará mucho tiempo más para que se reconozca cuántas fortunas naufragaron en el intento de aplicar la ética del Bushidō a los negocios. Lo que sí quedó pronto claro para todas las mentes observadoras es que los caminos de la riqueza no eran los mismos del honor. ¿En qué aspectos, entonces, eran diferentes?

De los tres incentivos a la veracidad que enumera William H. Lecky, es decir, el industrial, el político y el filosófico, el primero faltaba por completo en el Bushidō. En cuanto al segundo, no era mucho lo que podía desarrollarse en una comunidad política bajo un sistema feudal. Es en su aspecto filosófico o, como dice Lecky, su aspecto más elevado, que la honestidad alcanzó un rango más alto en nuestro catálogo de virtudes. Con el más sincero de mis respetos por la alta integridad comercial de los anglosajones, cuando pregunto por el fundamento último, se me dice que "la honestidad es la mejor política", que ser honesto paga. ¿No es esta virtud, entonces, una recompensa en sí misma? Si alguien la sigue porque reporta más dinero que la falsedad, ¡me temo que el Bushidō haría mejor en entregarse a la mentira!

Si el Bushidō rechaza la doctrina de las recompensas *quid pro quo*[59], el comerciante más astuto la acepta de buena gana. Lecky ha señalado muy acertadamente que la veracidad debe su crecimiento, en gran medida, al comercio y la manufactura. Como dice Nietzsche, "la honestidad es la más joven de las virtudes". En otras palabras, es la hija adoptiva de la industria moderna. Sin esta madre, la veracidad era una especie de huérfano de sangre azul que solo la mente más cultivada podía adoptar y alimentar. Tales mentes eran comunes entre los samuráis. Pero a falta de una madre adoptiva más democrática y utilitaria, el tierno niño no prosperaba. Si las industrias avanzaran, la veracidad demostraría ser una virtud fácil de practicar. Es más, demostraría ser rentable. Recuerden que, en noviembre de 1880, Otto von Bismarck envió una circular a los

---

59   Del latín, "algo a cambio de algo".

cónsules del imperio alemán, advirtiendo "una lamentable falta de fiabilidad con respecto a los envíos alemanes, entre otras cosas, aparente tanto en la calidad como en la cantidad". En veinte años sus comerciantes aprendieron que, al final de todo, la honradez sí se paga; algo que nuestros comerciantes están descubriendo ahora. Por lo demás, recomiendo la lectura de dos autores recientes que han valorado equilibradamente este tema[60]. Es interesante señalar con respecto a este que la integridad y el honor eran las garantías más seguras que incluso un deudor comerciante podía presentar en forma de pagarés. Era bastante habitual insertar cláusulas como las que siguen: "En caso de impago de la suma que se me ha prestado, no me opondré a que se me ridiculice en público" o "en caso de que no devuelva el dinero, puedes llamarme tonto".

Con frecuencia me he preguntado si la veracidad del Bushidō tenía algún motivo mayor que el valor. En ausencia de un mandamiento contra el falso testimonio, mentir no fue condenado como pecado, sino simplemente denunciado como debilidad y, por lo tanto, como algo altamente deshonorable. De hecho, la idea de la honestidad está tan íntimamente ligada, así como su etimología latina y alemana identificadas, con el honor, que ya es hora de que me detenga unos instantes a reflexionar sobre esta característica de los preceptos de la caballería.

---

60   Nota del autor: Arthur May Knapp, "Feudal and Modern Japan", vol. I, cap. IV; y James Stafford Ransome, "Japan in Transition", cap. VIII.

Capítulo VIII
El honor

El honor, en un sentido vivo de la dignidad personal y del valor, no puede fallar en caracterizar al samurái, quien es nacido y criado para valorar los deberes y los privilegios de su profesión. Aunque la palabra que hoy en día se utiliza como traducción de honor no se usaba libremente, la idea se transmitía con términos como *na* (nombre), *men-moku* (semblante), *guai bun* (audiencia exterior), recordándonos respectivamente el uso bíblico del "nombre", de la evolución del término "personalidad" a partir de la máscara griega y de la "fama". El buen nombre, la reputación propia, la parte inmortal de uno mismo, los restos de bestia todo era asumido como un asunto ordinario. Y cualquier infracción a la integridad era sentida como una vergüenza. De hecho, el concepto de la vergüenza (*ren-chi-shin*) fue uno de los más tempranamente tratados en la educación juvenil. "Se reirán de ti", "esto te deshonrará", "¿no estás avergonzado?", eran el último recurso para corregir la conducta de un delincuente juvenil. Tocaban el punto más sensible del corazón del niño, como si hubiera sido alimentado de honor mientras estaba en el vientre de su madre. Porque verdaderamente el honor es una influencia prenatal, al estar estrechamente ligado a una fuerte conciencia familiar. "Al perder la solidaridad de las familias —dice Balzac—, la sociedad ha perdido la fuerza fundamental que Montesquieu llamó honor". De hecho, el sentido de la vergüenza me parece el primer indicio de la conciencia moral de los japoneses. El primer y peor castigo que sobrevino a la humanidad como consecuencia de probar "el fruto del árbol prohibido" no fue, en mi opinión, el dolor del parto, ni las espinas y los cardos, sino el despertar de la vergüenza. Pocos incidentes en la historia superan en patetismo a la escena de la primera madre manejando, con el pecho encogido y los dedos trémulos, su tosca aguja sobre un puñado de hojas que su abatido esposo ha arrancado para ella. Este primer fruto de la desobediencia se aferra a nosotros con una tenacidad como ninguna. Todo el ingenio con respecto a la sastrería de la humanidad no ha logrado aún coser un delantal que oculte eficazmente nuestra vergüenza. Tenía razón aquel samurái que se negó a comprometer su carácter por una ligera humillación en su juventud. "Porque —dijo— la deshonra es como una cicatriz en un árbol, que el tiempo, en lugar de borrar, solamente ayuda a agrandar".

Mencio había enseñado siglos antes, con una frase casi igual, lo que Thomas Carlyle después expresó: "Vergüenza es el suelo de toda virtud; de buenos modales y moral".

El miedo a la deshonra era tan grande que, si nuestra literatura carece de la elocuencia para expresarla, como Shakespeare al ponerla en boca del Duque de Norfolk, sin embargo, pendía como la espada de Damocles sobre la cabeza de todo samurái y a menudo adoptaba un carácter morboso. En nombre del honor, los hechos fueron perpetrados para que no pudieran encontrar ninguna justificación en el código de Bushidō. Al menor insulto, por no decir insulto imaginario, el fanfarrón de mal genio se ofendía, recurría a la espada y se producían muchas luchas innecesarias y se perdían muchas vidas inocentes. Hay historias demasiado frívolas como para ser ciertas, por ejemplo, la de un bienintencionado ciudadano que llamó la atención de un *bushi* por una pulga que saltaba sobre su espalda y que fue inmediatamente rebanado en dos, por la sencilla y cuestionable razón de que, en la medida en que las pulgas son parásitos que se alimentan de animales, era un insulto imperdonable identificar a un noble guerrero con una de estas bestias. La circulación de tales anécdotas implica tres cosas: 1. Que fueron inventadas para intimidar al pueblo. 2. Que realmente se abusaba del honor que profesaba el samurái. 3. Que un potente sentimiento de vergüenza se desarrolló entre ellos. Es simplemente injusto basarse en un caso anormal para echar la culpa sobre los preceptos; juzgar la verdadera enseñanza cristiana a partir de los frutos del fanatismo religioso, la extravagancia, las inquisiciones y la hipocresía. Pero igual que en la monomanía religiosa hay algo conmovedoramente noble, en comparación con el *delirium tremens*[61] de un borracho, ¿no reconocemos en esa extrema sensibilidad de los samuráis al honor el sustrato de una virtud genuina?

Los enfermizos excesos a los que el delicado código de honor del Bushidō tenía predisposición, se contrarrestaban con el constante sermoneo sobre la magnanimidad y la paciencia. Ofenderse a la mínima provocación era algo que se ridiculizaba usando la expresión "mal genio". El adagio popular decía: "Soportar lo que crees que no pue-

---

61   Del latín, "delirio de gran agitación y alucinaciones".

des soportar es realmente soportarlo". El gran Ieyasu legó a la posteridad algunas máximas, entre las que se encuentran las que siguen: "La vida del hombre es como recorrer una larga distancia con una pesada carga sobre los hombros, no te apresures", "no reproches a nadie, pero vigila siempre tus propios defectos" y "la paciencia es la base de la longevidad". En su vida demostró lo que predicaba. Un genio literario puso un epigrama característico en boca de tres personajes conocidos de nuestra historia. A Nobunaga le atribuyó: "La mataré, si el ruiseñor no canta a tiempo"; a Hideyoshi, "la obligaré a cantar para mí"; y a Ieyasu, "esperaré hasta que abra los labios"[62].

La paciencia y el sufrimiento extendido también fueron muy elogiados por Mencio. En un lugar escribe: "Aunque te desnudes y me insultes, ¿qué es eso para mí? No puedes mancillar mi alma con tu ultraje". En otro lugar enseña que la ira por una ofensa insignificante es indigna de un hombre superior, pero la indignación por una gran causa sí es justa.

En las palabras de algunos de sus adeptos, se veía hasta qué punto podía llegar la mansedumbre sin marcialidad ni resistencia del Bushidō. Por ejemplo, tomemos este dicho de Ogawa Toshikiyo: "Cuando otros digan toda clase de cosas malas de ti, no las devuelvas ni practiques mal por mal. Más bien reflexiona que no cumpliste fielmente

---

62   Hacia el final de la turbulenta época Ashikaga o Muromachi (1338-1573), periodo además marcado por la llegada de los primeros europeos, surgieron en Japón tres hombres con gran visión política y determinación, hoy conocidos como los tres unificadores de la nación japonesa: Oda Nobunaga (1534-1582), Toyotomi Hideyoshi (1536-1598) y Tokugawa Ieyasu (1542-1616).

tus deberes". Otro de Kumazawa Banzan[63] dice: "Cuando otros te culpen, no les culpes; cuando otros se enfaden contigo, no les devuelvas la ira. La alegría solamente llega cuando la pasión y el deseo se separan". También puedo citar otro ejemplo de Saigō Takamori[64], quien dijo que "la vergüenza se avergüenza de sentarse". Y también: "El camino es el camino del cielo y de la tierra; y el lugar del hombre, seguirlo. Por lo tanto, haz que el propósito de tu vida sea reverenciar al cielo. El cielo te ama a mí y a los demás con el mismo amor, en consecuencia, con el amor con que te amas a ti mismo, ama a los demás. No hagas del hombre, sino del cielo, tu compañero. Y haciendo del cielo tu compañero, haz lo mejor que puedas. Nunca condenes a los demás, sino procura no faltar a tu propia persona". Algunos de estos dichos nos recuerdan los desacuerdos de los cristianos y nos muestran hasta qué punto en la moralidad práctica la religión natural puede acercarse a la revelada. Estos dichos no solamente trascendieron como declaraciones, sino que realmente se reflejaron en actos.

Hay que admitir que muy pocos alcanzaron esta sublime altura; esta magnanimidad, paciencia y perdón. Fue

63   1619-1691. Fue un político y filósofo, discípulo de Wang Yang Ming y de su Escuela de la Mente, que aplicó el método introspectivo a la teoría política, defendiendo un sistema de gobierno basado en el "mérito" y no en la "herencia". Sus ideas influyeron siglos después en muchos gobernantes japoneses.

64   1827-1877. General y consejero de Estado de diversos gobiernos. En 1887 protagonizó la que probablemente sea la última gran aventura samurái de la historia japonesa, al rebelarse contra el gobierno y, al mando de cuatro mil guerreros, resistir durante veinte días ante el castillo de Kumamoto. Obligado a rendirse, se suicidó mediante el ritual del *seppuku* Se le considera el máximo exponente de las virtudes del samurái.

una gran lástima que no se expresara nada claro y general sobre lo que constituye el honor, siendo solamente unas pocas mentes iluminadas conscientes de que "no se eleva desde ninguna condición", sino que reside en todo el que haga bien su parte. Puesto que nada era más fácil que los jóvenes olvidaran en el fragor de la acción lo que habían aprendido de Mencio en sus momentos más tranquilos. Dijo este mismo sabio lo siguiente: "En la mente de todo hombre está amar el honor. Pero poco se imagina que lo verdaderamente honorable está dentro de él mismo y en ningún otro lugar. El honor que los hombres confieren no es un buen honor. Aquellos que Châo el Grande[65] ennoblece, son los que él mismo puede hacer mezquinos de nuevo".

En la mayoría de los casos, un insulto era rápidamente resentido y se pagaba con la muerte, como podremos ver más adelante. Mientras que el honor —que con demasiada frecuencia no era más que vana gloria o aprobación mundana— se consideraba el *summum bonum*[66] de la existencia en la tierra. La fama, no la riqueza ni el conocimiento, era la meta por la que debían luchar los jóvenes. Muchos de ellos se juraban, al cruzar el umbral de la casa paterna, que no volverían hasta que se hubieran hecho un nombre en el mundo. Y muchas madres ambiciosas se negaban a volver a ver a sus hijos a menos que pudieran "volver a casa —como dice la expresión— vestidos de brocado". Para evitar la vergüenza o ganarse un nombre, los samuráis se

---

65   Probablemente se refiera a Huang Chao, primer emperador de la dinastía Qi, quien junto a Wang Xianzhi dirigió un ejército de 600.000 hombres durante una rebelión que daría el golpe de gracia a la dinastía Tang, proclamándose algunos años después emperador.

66   Del latín, "el máximo de lo bueno".

sometían a cualquier privación y a las más duras pruebas de sufrimiento físico y mental. Sabían que el honor ganado en la juventud crecía con la edad. En el memorable asedio de Osaka, un hijo joven de Ieyasu, a pesar de sus fervientes súplicas para que le pusieran en primera posición, fue relevado a la retaguardia del ejército. Cuando cayó el castillo, se sintió tan afligido y lloró tan amargamente que un viejo consejero intentó consolarlo con todos los recursos que tenía a su alcance. "Consuélese, Señor —le dijo—, pensando en el largo futuro que tiene por delante. En los muchos años que le quedan tendrá más de una ocasión para distinguirse". El muchacho fijó su indignada mirada en el hombre y le dijo: "¡Qué tonterías dices! ¿Acaso podré volver a cumplir catorce años?".

La vida se consideraba barata si con ella misma se podía conseguir honor y fama. Es por ello que siempre que se presentaba una causa que se consideraba más cara que la vida, se moría por ella con la mayor serenidad y rapidez.

Entre las causas por las que ninguna vida era lo suficientemente cara para ser sacrificada, estaba el deber de la lealtad, que era la piedra angular que hacía de las virtudes feudales un arco simétrico.

Capítulo IX
El deber a la lealtad

La moral feudal comparte virtudes con otros sistemas éticos, con otras clases de personas, pero esta virtud —el respeto y la lealtad a un superior— es su rasgo distintivo. Soy consciente de que la fidelidad personal es una adhesión moral que existe entre todo tipo y condición de hombres —una banda de carteristas es leal a Fagin en "Oliver Twist"—, pero solamente en el código de honor caballeresco es que la lealtad asume una importancia primordial.

A pesar de la crítica de Hegel[67] de que la fidelidad de los vasallos feudales, siendo una obligación a un individuo y no a un bien común, se trata de un vínculo en base a principios totalmente injustos, un gran compatriota suyo hizo alarde de que la lealtad personal era una virtud alemana. Bismarck tenía buenas razones para hacerlo, pero no porque la *treue*[68] de la que se jactaba fuera monopolio de su patria o de una sola nación o raza, sino porque este fruto favorecido de la caballerosidad perduraría más entre los pueblos donde el feudalismo duraría más tiempo. En Estados Unidos, donde "todo el mundo es tan bueno como cualquier otro" —y, como añadió cierto irlandés,

---

67 "Philosophy of History" (trad. inglesa de J. Sibree), parte IV, sec. II, cap. I.
68 Del alemán, "lealtad".

"mejor también"—, ideas tan exaltadas de lealtad como las que sentimos por nuestro soberano pueden considerarse "excelentes dentro de ciertos límites", pero absurdas por la manera en que se alientan entre nosotros. Montesquieu ya se quejó hace mucho tiempo de que lo correcto a un lado de los Pirineos era lo incorrecto al otro. Y el reciente juicio de Alfred Dreyfus demostró esta observación, aunque los Pirineos no eran la única frontera más allá de la cual la justicia francesa no llegaba a un acuerdo. De la misma manera, la lealtad tal como la concebimos encuentra pocos admiradores en otros lugares y no porque nuestra concepción sea errónea, sino porque, me temo, ha sido olvidada. También porque la llevamos a un grado que no se alcanza en ningún otro lugar. William Elliot Griffis[69] tenía mucha razón al decir que mientras en China la ética confuciana hacía de la obediencia a los padres el principal deber humano, en Japón importaba más la lealtad. A riesgo de escandalizar a algunos de mis lectores, relataré el caso de uno "que soportó seguir a un señor caído" y que así, como asegura Shakespeare, "se ganó un lugar en la historia".

Se trata de uno de los personajes más puros de nuestra historia, Michizané Sugawara[70], quien, al caer víctima de los celos y las calumnias, es desterrado de la capital. No contentos con ello, sus implacables enemigos se empeñan

69   Nota del autor: "Religions of Japan".
Nota del traductor: 1843-1928. Tras servir en el ejército unionista de la guerra civil norteamericana, vivió en Japón enseñando ciencia en centros educativos públicos, como parte del convenio firmado entre Estados Unidos y Japón para modernizar el sistema educativo del país. Fue el autor del prólogo de la edición de "Bushidō" publicada en Nueva York en 1905.
70   Literato y político (845-903).

en la extinción de su familia. La estricta búsqueda de su hijo aún no crecido revela que está oculto en una escuela de la aldea gestionada por un tal Genzo, antiguo vasallo de Michizané. Cuando se envían órdenes al director de la escuela para que entregue la cabeza del joven infractor un día determinado, la primera idea de este es encontrar un sustituto adecuado. Revisa la lista escolar y examina con ojos atentos a todos los muchachos que entran en el aula, pero ninguno de los niños nacidos de la tierra tiene el menor parecido con su protegido. Su desesperación, sin embargo, no dura más que un momento, pues se anuncia un nuevo alumno; un hermoso muchacho de la misma edad que el hijo de su amo, escoltado por una madre de aspecto noble. La madre y el muchacho no son menos conscientes que el maestro del parecido existente entre el pequeño señor y el pequeño vasallo. En la intimidad del hogar, ambos se habían entregado al altar —el uno, con su vida; el otro, con su corazón—, pero sin darle señales al mundo exterior. Sin ser conscientes de lo que había pasado entre ellos, es el maestro el que hace la sugerencia.

El resto del relato puede contarse brevemente. El día señalado, llega el oficial a cargo de identificar y recibir la cabeza del joven. ¿Se dejará engañar por la falsa cabeza? La mano del pobre Genzo está en la empuñadura de la espada, listo para asestar un golpe al hombre o a sí mismo, en caso de que su plan no resulte. El oficial toma el espantoso objeto que tiene delante, repasa con calma cada uno de sus rasgos y, en un tono deliberado y profesional, declara su autenticidad. Esa noche, en una casa solitaria, la madre que vimos en la escuela espera. ¿Acaso sabe el destino de su hijo? No es su regreso la razón por la que espera con impaciencia que se abra la puerta. Durante mucho tiempo, su suegro ha sido beneficiario de las bondades de Michizané, pero desde su destierro que las circunstancias han obligado a su marido a servir al enemigo del benefactor de su familia. Él mismo no podía ser infiel a su cruel señor, pero su hijo sí podía servir a la causa del otro. Como conocedor de la familia del exiliado, era a él a quien se le había encomendado la tarea de identificar la cabeza del muchacho. Ahora que el duro trabajo del día y de la vida ha terminado, regresa a casa y, al cruzar el umbral, le dice a su esposa: "¡Alégrate, esposa mía, nuestro querido hijo ha demostrado ser de utilidad a su señor!".

"¡Qué historia tan atroz!", oigo exclamar a mis lectores. "Padres que, deliberadamente, sacrifican a su propio hijo inocente para salvar la vida de otro hombre". Pero este niño era una víctima consciente y voluntaria. Es la historia de una muerte vicaria, tan significativa como y no más repugnante que la historia del sacrificio intencional de Isaac por parte de Abraham. En ambos casos fue obediencia al llamado del deber; sumisión absoluta a la orden de una voz superior, ya fuera dada por un ángel visible o invisible o escuchada por un oído exterior o interior. Pero me abstendré de predicar.

El individualismo del oeste, que reconoce los intereses individuales del padre e hijo o marido y esposa, trae necesariamente una fuerte revelación sobre las obligaciones del uno con el otro. Pero el Bushidō sostenía que el interés de la familia y de sus miembros se mantenía intacto, único e inseparable. Este interés se encuentra ligado al afecto: natural, instintivo, irresistible. Por lo tanto, si morimos por alguien a quien amamos naturalmente, como los mismos animales, ¿qué significa? "Porque si aman a quienes los aman, ¿qué recompensa tendrán? ¿No hacen lo mismo hasta los publicanos?".

En su gran historia, Rai Sanyo[71] cuenta en un lenguaje conmovedor la lucha del corazón de Shigemori respecto a la conducta rebelde de su padre. "Si soy leal, tengo que deshacerse de mi padre; si obedezco a mi padre, incumplo el deber para con mi soberano". ¡Pobre Shigemori! Después lo vemos rezando con toda su alma para que el bondadoso cielo lo visite al morir; para ser liberado de este mundo donde es difícil que habiten la pureza y la rectitud.

Muchos Shigemori tienen el corazón desgarrado por el conflicto entre deber y afecto. De hecho, ni la obra de Shakespeare ni el propio Antiguo Testamento contienen una representación adecuada del *ko*, nuestra concepción de la piedad filial y, sin embargo, en tales conflictos el Bushidō nunca vaciló en su elección de la lealtad. Las mujeres también animaban a sus hijos a sacrificarlo todo por el rey. Siempre tan decidida como la viuda Windham[72] y su ilustre consorte, la matrona samurái estaba dispuesta a sacrificar a sus hijos por la causa de la lealtad.

Dado que el Bushidō, al igual que la concepción de

71   1780-1832. Erudito, poeta e historiador japonés de orientación confuciana. En su libro "The History of the Hojo Family: A Fragment from the Nihon Gaishi of Rai Sanyo", se relata el conflicto de Taira no Shigemori al oponerse a los planes de su padre, Kiyomori, quien pretendía tomar el palacio de Go-Shirakawa. Shigemori le ruega a su padre que no lo obligue a elegir entre la lealtad que debía al emperador y la que le debía como padre, llegando incluso a pedirle la muerte antes de tener que enfrentarse con él.
72   Probable referencia a Cecilia Forrest (1750-1824), viuda de William Windham, quien fue amigo de Edmund Burke.

Aristóteles y algunos sociólogos modernos, consideraba el Estado como anterior al individuo —este último nace en el primero como parte del mismo—, debe vivir y morir por él o por el titular de su autoridad legítima. Los lectores del "Critón" recordarán el argumento con el que Sócrates representa las leyes de la ciudad como suplicándole el tema de su huida. Entre otras cosas, les hace decir, a las leyes o al Estado: "Puesto que fuiste engendrado, criado y educado bajo nosotros, ¡atrévete a decir una sola vez que no eres nuestro vástago y siervo, tú y tus padres antes de ti!". Estas son palabras que no nos parecen nada extraordinario, porque lo mismo ha estado en boca del Bushidō desde hace mucho tiempo, pero con esta modificación: que las leyes y el Estado estaban representados, junto a nosotros, por un ser personal. La lealtad es un resultado ético de esta teoría política.

No ignoro completamente la opinión del señor Spencer, según la cual la obediencia política, es decir, la lealtad, solo es una función transitoria[73]. Suficiente para el día es su virtud. Podemos repetirlo con complacencia, sobre todo porque creemos que ese día es un largo espacio de tiempo durante el que, como dice nuestro himno nacional, "los pequeños guijarros se convierten en poderosas rocas cubiertas de musgo". Podemos recordar en esta coyuntura que incluso en un pueblo tan democrático como el inglés, "el sentimiento de fidelidad personal a un hombre y a su posteridad, el que sus antepasados germánicos sentían por sus jefes, solamente ha más o menos pasado —como dijo recientemente *monsieur* Boutmy— a su profunda lealtad a la raza y a la sangre de sus príncipes, como lo demuestra su extraordinario apego a la dinastía".

73 Nota del autor: "Principles of Ethics", vol. I, parte II, cap. X.

La subordinación política, predice el señor Spencer, originará lealtad a los dictados de la conciencia. Supongamos que se realiza su inducción. ¿Desaparecerán para siempre la lealtad y su instinto inherente de reverencia? Transferimos nuestra lealtad de un amo a otro, sin ser infieles a ninguno. De ser súbditos de un gobernante que empuña el cetro temporal, pasamos a ser siervos del monarca que se sienta en el trono que penetra nuestro corazón. Hace unos años, una controversia muy estúpida, iniciada por los discípulos descarriados de Spencer, hizo estragos entre la clase lectora de Japón. En su afán por mantener el trono con inquebrantable lealtad, acusaron a los cristianos de ser propensos a la traición por el hecho de declarar fidelidad a su señor y maestro. Presentaron argumentos sofísticos sin el ingenio de los sofistas y tortuosidades escolásticas sin las sutilezas de los escolásticos. Poco sabían que, en cierto sentido, podemos "servir a dos señores sin aferrarnos a uno ni despreciar al otro" y "dando al César lo que es del César y a Dios lo que es de Dios". ¿No obedeció Sócrates con igual fidelidad y ecuanimidad las órdenes de su amo terrenal, el Estado, mientras se negaba inflexiblemente a conceder un ápice de lealtad a su *dæmon*[74]? A su conciencia siguió, vivo; a su país sirvió, moribundo. ¡Ay del día en que un estado se vuelva tan poderoso como para exigir a sus ciudadanos los dictados de su conciencia!

Thomas Mowbray fue un verdadero portavoz en ese sentido cuando dijo:

---

74   Del griego antiguo, "idea representada como una entidad". En el caso de Sócrates, una suerte de voz interior y trascendente en cada ser humano que sabe quién es y cuyo consejo ayuda a alcanzar la iluminación.

Me arrojo, temible soberano, a tus pies.
Mi vida mandarás, pero no mi vergüenza.
Esa que mi obligación debe, pero mi bello nombre,
a pesar de la muerte que habita sobre mi tumba,
para el oscuro deshonor no tendrás.

Un hombre que sacrificaba su propia conciencia a la voluntad, capricho o fantasía de un soberano ocupaba un lugar bajo con respecto a los preceptos. Tal persona era despreciada como *nei-shin*, un adulador, que hace la corte prodigando alabanzas sin escrúpulos o como un *chô-shin*, el favorito del amo que roba su afecto por medio de la obediencia servil. Estas dos especies de súbditos corresponden con exactitud a los que describe Iago: uno es un bribón dócil y rastrero, que adora su propia esclavitud y que emplace su tiempo como el asno de su amo; el otro esta ataviado con las formas y las apariencias del deber, sin embargo, manteniendo su corazón pendiente de sí mismo. Cuando un súbdito difería de su señor, el camino leal era utilizar todos los medios disponibles para persuadirlo de su error, como hizo Kent con el rey Lear. Si no lo lograba, dejaba que el amo hiciera con él lo que quisiera. En casos de este tipo, era bastante habitual que el samurái hiciera el último llamado a la inteligencia y la conciencia de su señor demostrando la sinceridad de sus palabras con el derramamiento de su sangre.

Considerada la vida como el medio para servir a su amo y fijado el ideal en el honor, toda la educación y formación del samurái se llevó a cabo en consecuencia.

Capítulo X
La educación y
el entrenamiento de un samurái

El primer punto a observar en la pedagogía caballeresca es cómo se forja el carácter, dejando a la sombra facultades más sutiles como la prudencia, inteligencia y dialéctica. Hemos visto la importancia que desempeñaban los logros estéticos en su educación. Pero por indispensables que fueran para un hombre de cultura, eran más bien accesorios en la formación de un samurái. La superioridad intelectual era, por supuesto, algo que se estimaba, pero la palabra *chi*, empleada para denotar intelectualidad, significaba sabiduría en primera instancia y conocimiento en un lugar subordinado. Se decía que el trípode que sostenía el armazón del Bushidō era el *chi*, *jin* y *yu*, respectivamente sabiduría, benevolencia y valor. Un samurái era, esencialmente, un hombre de acción. La ciencia estaba al margen de lo que hacía y solo la aprovechaba en la medida en que tenía que ver con la profesión de las armas. Asimismo, la religión y la teología quedaban relegadas a los sacerdotes. Los samuráis se ocupaban de ellas en tanto contribuían a alimentar el valor. Al igual que un poeta inglés, creían que "no es el credo el que salva al hombre, sino que el hombre quien justifica el credo". La filosofía y la literatura constituyeron una parte importante de su formación intelectual, pero incluso en la búsqueda de estas, no era la verdad objetiva lo que se perseguía. Principalmente, la literatura era vista como un pasatiempo; mientras que la filosofía, como una ayuda práctica en la formación del carácter o para la exposición de algún problema de tipo militar o político.

Por lo que se ha dicho, no sorprenderá observar que el plan de estudios, según la pedagogía del Bushidō, consistía principalmente en: esgrima, tiro con arco, *jūjutsu* o *yawara*[75], equitación, uso de la lanza, táctica, caligrafía, ética, literatura e historia. De todas estas disciplinas, el *jūjutsu* y la caligrafía requieren algunas palabras explicativas. Se hacía mucho hincapié en tener una buena escritura porque, probablemente, nuestros logogramas, participando como lo hacen de la naturaleza de las imágenes, poseen valor artístico. También porque la quirografía se aceptaba como un indicativo del carácter personal de la persona. El *jūjutsu* puede definirse brevemente como la aplicación de conocimientos anatómicos con fines ofensivos o defensivos. Se diferencia de la lucha libre en que no depende de la fuerza muscular y de otras formas de ataque en que no utiliza armas. Consiste en agarrar o golpear la parte del cuerpo del enemigo para entumecerlo y hacerlo incapaz de oponer resistencia. Su objeto no es matar, sino incapacitar al otro a realizar acción alguna por un momento.

Un tema de estudio que sería esperable encontrar en la educación militar y que brilla por su ausencia en la instrucción del Bushidō son las matemáticas. Sin embargo, esto puede explicarse fácilmente, en parte, por el hecho de que la guerra feudal no se llevaba a cabo con precisión

---

75   Arma tradicional japonesa empleada en diversas artes marciales.

científica. Y no solamente eso, sino que toda la formación de los samuráis era desfavorable a fomentar las nociones numéricas.

La caballería es antieconómica y se jacta de la penuria. Dice Ventidius que "la ambición, una virtud del soldado, hace escoger la pérdida antes que la ganancia que lo oscurece". Don Quijote se enorgullece más de su lanza oxidada y de su caballo de carne y hueso que del oro y las tierras. Y un samurái simpatiza de corazón con su exagerado hermano manchego. Desdeña el dinero por sí mismo; el arte de fabricarlo o atesorarlo. Para él, es una auténtica inmundicia. La manida expresión para describir la decadencia de una época es "que los civiles amaban el dinero y los soldados temían la muerte". La tacañería del oro y de la vida genera tanta desaprobación como se elogia su uso ostentoso. "Menos que todas las cosas —dice un precepto común—, los hombres deben envidiar el dinero, pues es por la riqueza que la sabiduría es obstaculizada". De ahí que se educara a los niños con un desprecio total por la economía. Se consideraba de mal gusto hablar de ella e ignorar el valor de las diferentes monedas era una muestra de buena educación. El conocimiento de los números era indispensable tanto en la movilización de las fuerzas como en la distribución de beneficios y feudos, pero el recuento del dinero se dejaba en las manos más humildes. En no pocos feudos, las finanzas públicas eran administradas por un tipo inferior de samurái o por sacerdotes. Todo *bushi* pensante sabía perfectamente bien que el dinero era el sostén de la guerra, pero no pensaban en elevar el aprecio por el dinero a la categoría de virtud. Es cierto que el Bushidō ordenaba ahorrar, pero no tanto por razones económicas como por el ejercicio de la abstinencia. El lujo se consideraba la mayor amenaza para la hombría y se exigía la más severa sencillez a la clase guerrera, imponiendo leyes suntuarias en muchos de los clanes.

Leemos que, en la antigua Roma, los granjeros del rédito y otros agentes financieros fueron gradualmente elevados al grado de caballeros, de tal modo que el Estado mostraba aprecio por sus servicios y por el mismo dinero. Y pueden imaginarse cuán cercanamente se fue asociando esto al lujo y la avaricia de los romanos. Pero no fue así con los preceptos de la caballería. Estos persistieron y sistemáticamente relegaron las finanzas a algo bajo, con respecto a vocaciones morales e intelectuales.

Siendo así de diligentemente ignorados el dinero y el amor por él, el Bushidō podría permanecer mucho tiempo libre de los mil y un males de los que el dinero es la raíz. Esta es la única razón por la que nuestros hombres públicos han estado libres de corrupción durante tanto tiempo, ¡ay, qué rápido se está abriendo camino la plutocracia en este tiempo y generación!

La disciplina mental, que hoy en día se ve principalmente favorecida por el estudio de las matemáticas, era suplida por la interpretación literaria y las discusiones éticas. Muy pocos temas abstractos preocupaban a los jóvenes, ya que el principal objetivo de su educación era, como ya he dicho, lo que guarda relación con el carácter. Las personas cuyas mentes se limitaban a almacenar información no tenían grandes admiradores. De los tres servicios de estudios que da Francis Bacon —para deleite, ornamento y habilidad—, Bushidō tenía decidida preferencia por el último, cuyo uso era "en el juicio y la disposición de los negocios". Ya fuera para disponer de los asuntos públicos o para ejercitar el autocontrol, la educación se llevaba a cabo con un fin práctico. "Aprender sin pensar es trabajo perdido y pensar sin aprender es peligroso", dijo Confucio.

Cuando el carácter y no la inteligencia —o el alma y no la cabeza— es escogida por un maestro como el material sobre el que trabajar y desarrollar, su vocación adquiere un carácter sagrado. "Es el padre el que me ha engendrado y el maestro el que me hace hombre". Según esta idea, la estima que se tenía del preceptor era muy alta. Para evocar tal confianza y respeto por parte de los jóvenes, un hombre debía, necesariamente, estar dotado de una personalidad superior sin carecer de erudición. Era un padre para los huérfanos y un consejero para los descarriados. Sobre esto dice una máxima: "Tu padre y tu madre son como el cielo y la tierra; tu maestro y tu señor, como el sol y la luna".

El actual sistema, en el que se paga por todo tipo de servicios, no estaba en boga entre los seguidores del Bushidō. Creían en un servicio que solamente podía prestarse sin dinero y sin precio. Era el servicio espiritual, ya fuera de un sacerdote o de un maestro, y este no debía pagarse con oro o plata. Y no porque no tuviera valor, sino porque este era inestimable. El instinto de honor no aritmético del Bushidō enseñó una lección más verdadera que la economía política moderna, porque los sueldos y salarios solamente pueden pagarse por servicios cuyos resultados son definidos, tangibles y mensurables; mientras que el mejor servicio prestado en la educación, es decir, en el desarrollo del alma, incluyendo los servicios de un pastor, no es ni definido ni tangible ni mensurable. Al ser inconmensurable, el dinero —la medida ostensible del valor— es de uso inadecuado. La costumbre dictaba que los alumnos llevaran a sus maestros dinero o bienes en diferentes épocas del año, pero no en forma de pagos sino de ofrendas, que por cierto eran bien recibidas por los destinatarios, ya que solían ser hombres de gran severidad, que presumían de pasar honorables penurias y que se consideraban demasiado dignos para trabajar con sus manos, así como demasiado orgullosos para mendigar. Eran la personificación más grave de los altos espíritus impávidos ante la adversidad. Eran la encarnación de lo que se consideraba el fin de todo aprendizaje y, por lo tanto, un ejemplo vivo de esa disciplina de disciplinas que es el autocontrol, la cual se exigía universalmente a los samuráis.

Capítulo XI
El autocontrol

La disciplina de la fortaleza, por un lado, inculcando la resistencia sin gemido alguno; y la enseñanza de la cortesía, por el otro exigiéndonos no estropear el placer o la serenidad de otro con manifestaciones de nuestra misma pena o dolor, se combinaron para engendrar una mentalidad estoica y, finalmente, confirmar un rasgo nacional de aparente estoicismo. Digo aparente estoicismo porque no creo que el verdadero estoicismo pueda llegar a ser la característica de toda una nación. También porque algunos de nuestros modales y costumbres pueden parecer duros de corazón a un extranjero. Sin embargo, en realidad, somos tan susceptibles a la ternura de las emociones como cualquier otro bajo el cielo.

Estoy inclinado a pensar que en cierta manera tenemos que sentir más que otros —sí, el doble—, ya que el mero intento de frenar los impulsos naturales conlleva sufrimiento. Imagínense a niños y niñas educados para no derramar una lágrima o emitir un gemido para aliviar sus sentimientos y plantéense si tal esfuerzo endurece sus nervios o los hace más sensibles.

Se consideraba poco viril que un samurái traicionara sus emociones a través de la expresión. "No muestra ningún signo de alegría o ira", era una frase utilizada para describir a alguien con carácter fuerte. Los más naturales afectos se mantenían bajo control. Un padre solamente podía abrazar a su hijo a costa de su dignidad y un marido no besaba a su mujer en presencia de otras personas... ¡Hiciera lo que hiciera en privado! Puede que haya algo de verdad en el comentario de un joven ingenioso: "Los maridos estadounidenses besan a sus mujeres en público y las golpean en privado. Los maridos japoneses golpean a las suyas en público y las besan en privado".

La calma del comportamiento y la compostura de la mente no deben ser perturbadas por ninguna pasión. Recuerdo que, durante la última guerra con China[76], un regimiento abandonó cierta ciudad y un gran número de personas acudió a la estación para despedir al general y a su ejército. En esta ocasión, un residente estadounidense se acercó al lugar, esperando ver ruidosas manifestaciones, ya que el país estaba muy agitado y había padres, madres y novias de los soldados entre la multitud. El estadounidense se sintió extrañamente decepcionado, puesto que cuando sonó el silbato y el tren se puso en marcha, miles de personas se quitaron los sombreros silenciosamente e inclinaron sus cabezas en reverencial despedida. No se agitaron pañuelos ni se pronunció palabra alguna, sino que reinó un profundo silencio en el que solamente un oído atento podía captar algunos sollozos entrecortados. En cuanto a la vida doméstica, también sé de un padre que pasó noches enteras escuchando la respiración de su niño enfermo de pie detrás de la puerta, ¡para no ser sorpren-

---

76   Se refiere a la guerra que se desarrolló entre ambos países de 1894 a 1895, por la hegemonía sobre Corea y Manchuria.

dido en un momento de debilidad paterna! También sé de una madre que, en sus últimos momentos, se abstuvo de mandar llamar a su hijo, para que no fuera molestado en sus estudios. Nuestra historia y nuestra vida cotidiana están repletas de ejemplos de heroicas matronas que muy bien podrían compararse con algunas de las páginas más conmovedoras de Plutarco[77]. Entre nuestros campesinos, Ian Maclaren seguramente encontraría a muchas Marget Howe[78].

Es la misma disciplina de autocontrol la que explica la ausencia de resurgimientos más frecuentes en las iglesias cristianas de Japón. Cuando un hombre o una mujer siente que su alma se conmueve, el primer instinto es suprimir en silencio cualquier rastro de ello. En raras ocasiones la lengua es liberada por un espíritu que no se resiste; cuando tenemos elocuencia de sinceridad y fervor. Incentivar a otro a hablar con ligereza de la experiencia espiritual es incentivarlo a incumplir el tercer mandamiento. Es verdaderamente irritante para los oídos japoneses oír cómo son lanzadas las palabras más sagradas o las experiencias más secretas del corazón a audiencias indiscriminadas. "¿Sientes que la tierra de tu alma fue removida con tiernos pensamientos? Es hora de que broten las semillas. No la perturbes con palabras, deja que trabaje sola en silencio y en secreto", escribe un joven samurái en su diario.

Expresar con tantas y tan articuladas palabras los pensamientos y sentimientos más íntimos de uno —sobre

77   El texto al que alude es "Las virtudes de las mujeres".
78   De seudónimo Ian MacLaren, John Watson (1850-1907) fue un novelista y pastor anglicano escocés. Publicó una colección de historias titulada "Beside the Bonnie Brier Bush", donde el personaje de Marget Howe era un modelo de mujer virtuosa.

todo los religiosos— se toma entre los japoneses como señal inequívoca de que no son ni muy profundos ni muy sinceros. "No es más que una granada quien, al abrir la boca, muestra el contenido de su corazón", reza un dicho popular.

No es del todo una perversidad de las mentes orientales que, cuando nuestras emociones se conmueven, tratemos de vigilar nuestros labios para ocultarlas. Para nosotros, el habla es muy a menudo, como lo definió cierto francés, "el arte de ocultar el pensamiento".

Llamen a un amigo japonés en el momento de mayor aflicción para él y sin duda los recibirá riendo, con los ojos rojos o las mejillas húmedas. Al principio puede que piensen que está histérico. Pídanle explicaciones y obtendrán unos cuantos lugares comunes entrecortados: "En la vida hay pena", "quienes se encuentran deben separarse", "el que nace debe morir", "es una tontería contar los años de un niño que se ha ido, pero el corazón de una mujer se entregará a las locuras" y cosas por el estilo. Así, las nobles palabras de un noble Hohenzollern, "lerne zu leiden ohne Klagen"[79], encontraron mentes sensibles entre nosotros, mucho antes de que fueran pronunciadas.

De hecho, los japoneses recurren a la risa cada vez que las debilidades de la naturaleza humana son sometidas a la más severa prueba. Creo que tenemos una razón mejor que el propio Demócrito para esta tonta tendencia y es que la risa a menudo oculta en nosotros un esfuerzo por recuperar el equilibrio del temperamento, cuando nos hemos visto perturbados por cualquier circunstancia difícil. Es un contrapeso de la pena o la rabia.

---

79   Del alemán, "aprende a sufrir sin quejarte".

Al insistir tanto en la supresión de los sentimientos, estos encuentran su válvula de escape en el aforismo poético. Un poeta del siglo X bien dice: "En Japón y China, la humanidad, cuando se siente conmovida por el dolor, cuenta su amarga pena en verso". Una madre que intenta consolar su corazón roto imaginando a su hijo ausente, en su acostumbrada persecución de la mosca dragón, tararea:

¡Cuán lejos ha ido hoy mi cazador, me pregunto,
en la persecución de la mosca dragón!

Me abstengo de citar otros ejemplos. Sé que solamente podría hacer escasa justicia a las joyas de nuestra literatura al traducir a una lengua extranjera pensamientos que fueron arrancados gota a gota de corazones sangrantes y que fueron enhebrados en cuentas del más excepcional valor. Espero haber mostrado en cierta medida el funcionamiento de nuestras mentes; esas que a menudo presentan una aparente insensibilidad o una histérica mezcla de risa y abatimiento. Las mentes cuya cordura a veces se pone en duda.

También ha sido sugerido que nuestra resistencia al dolor y nuestra indiferencia ante la muerte tienen su origen en unos nervios menos sensibles. Esto es verosímil hasta donde llega. La siguiente pregunta es: ¿por qué nuestros nervios están menos tensos? Puede que nuestro clima no sea tan estimulante como el estadounidense. Puede que nuestra forma monárquica de gobierno no nos emocione tanto como la república al francés. Puede que no leamos "Sartor Resartus" con tanto esmero como los ingleses. Personalmente, creo que fue nuestra propia excitabilidad y sensibilidad lo que hizo necesario reconocer e imponer una constante autorrepresión. Pero cualquiera que sea la explicación, sin tener en cuenta los largos años de disciplina en el autocontrol, ninguna puede ser correcta.

Esta disciplina puede, fácilmente, ir demasiado lejos. Puede reprimir la maravillosa corriente del alma, forzar naturalezas flexibles a distorsiones y monstruosidades, engendrar fanatismo, criar hipocresía y apagar afectos. Aunque no haya una virtud tan noble, tiene su contrapartida y su falsificación. Debemos reconocer en cada virtud su ideal positivo y seguirlo, y el ideal del autocontrol es mantener nuestra mente nivelada, como nuestra expresión o, tomando prestado un término griego, alcanzar el estado de *eutimia*[80] que Demócrito llamó el bien supremo.

La cumbre del autocontrol se alcanza y se ilustra de la mejor manera posible en la primera de las dos instituciones que veremos ahora.

---

80   Del griego, "tranquilidad".

Capítulo XII
Las instituciones
del suicidio y la redención

Las instituciones del suicidio y la redención —la primera conocida como *harakiri* y la segunda como *katakiuchi*— han sido tratadas de forma más o menos completa por muchos escritores extranjeros.

Para empezar con el suicidio, permítanme decir que limitaré mis observaciones al *seppuku* o *kappuku*, popularmente conocido como *harakiri*, que significa autoinmolación por destripamiento. "¿Arrancarse el abdomen? ¡Absurdo!", gritan aquellos para quienes el nombre es nuevo. Pero por absurdo que pueda sonar en un principio a oídos extranjeros, no puede ser tan extraño para los que estudian a Shakespeare, quien pone estas palabras en la boca de Bruto: "Tu espíritu camina por el mundo y convierte nuestras espadas en entrañas propias". Escuchen a un poeta inglés moderno, que en su libro "La luz de Asia"[81] habla de una espada que atraviesa las entrañas de una reina y al que nadie culpa de mal inglés o de faltar al pudor. O, por poner otro ejemplo, miren el cuadro de Guercino de la muerte de Catón, en el Palacio Rosso de Génova. Quien haya leído el canto del cisne que Joseph Addison hace can-

---

81   Se refiere al poeta británico Sir Edwin Arnold (1832-1904).

tar a Catón, no se burlará de la espada semienterrada en su abdomen. En nuestras mentes, esta manera de morir está asociada a las acciones más nobles y el patetismo más conmovedor, de modo que nada es repugnante, ridículo o empaña nuestra concepción del mismo. Tan maravilloso es el poder transformador de la virtud, la grandeza y la ternura, que la forma más vil de morir encarna una sublimidad y se convierte en un símbolo de nueva vida o ¡el signo que Constantino pensó que no conquistaría el mundo!

No solamente por asociaciones superfluas pierde el *seppuku* cualquier tinte de absurdo en nuestra mente, puesto que la elección de esta parte particular del cuerpo para operar se basaba en una antigua creencia anatómica con respecto a la sede del alma y de los afectos. Cuando Moisés escribió acerca de las "entrañas anhelando a su hermano", con respecto a José; o cuando David rogó al Señor que no se olvidara de sus entrañas; o cuando Isaías, Jeremías y otros hombres, inspirados en la Antigüedad, hablaron del "sonido" o la "inquietud" de las entrañas; todos y cada uno de ellos validaron la creencia que prevalecía entre los japoneses de que el abdomen encerraba el alma. Los semitas hablaban con frecuencia del hígado, los riñones y la grasa circundante como la sede de la emoción y de la vida. El término *hara* era más amplio que los griegos *phren* o *thumos*[82], y tanto los japoneses como los helénicos pensaban que el espíritu del hombre habitaba en alguna parte de esa zona. Tal noción no se limita en absoluto a los pueblos de la Antigüedad. Los franceses, a pesar de la teoría propuesta por uno de sus más distinguidos filóso-

82   Del griego antiguo, "cuerpo psíquico" y "cuerpo físico", respectivamente.

fos, Descartes, de que el alma se encuentra en la glándula pineal, siguen insistiendo en utilizar el término *ventre*[83] en un sentido que, si anatómicamente es demasiado vago, no deja de ser fisiológicamente significativo. De la misma manera, *entrailles*[84] representa en su lenguaje el afecto y la compasión. Esta creencia tampoco es mera superstición, ya que es más científica que la idea general de hacer del corazón el centro de los sentimientos. Sin preguntar a un fraile, los japoneses sabían mejor que Romeo "en qué vil parte de esta anatomía se alojaba el nombre de uno". Los neurólogos modernos hablan de los cerebros abdominal y pélvico, dando cuenta de los centros nerviosos simpáticos en aquellas partes fuertemente afectadas por cualquier acción psíquica. Una vez admitido este punto de vista de la fisiología mental, el silogismo del *seppuku* es fácil de construir. "Abriré la base de mi alma y les mostraré cómo me va con ella. Miren ustedes mismos si está contaminada o limpia".

No quiero que lo anterior sea entendido sea una justificación religiosa o incluso moral del suicidio, pero la alta estima que tenía el honor era una amplia excusa para que muchos terminaran con su propia vida. Cuántos aceptaron el sentimiento expresado por Sir Samuel Garth, cuando dijo que:

Cuando se pierde el honor, morir es un alivio.
La muerte no es más que una retirada segura de la infamia.

---

83   Del francés, "vientre".
84   Del francés, "entrañas".

¡Y sonriendo han entregado sus almas al olvido! En el Bushidō, la muerte, cuando implicaba honor, era aceptada como una clave para la solución de muchos problemas complejos. De modo que, para un samurái ambicioso, una partida natural de la vida parecía un asunto bastante anodino, además de una consumación que no debía desearse con especial devoción. Me atrevería a decir que muchos buenos cristianos, si fueran lo suficientemente honestos, confesarían la fascinación, si no es que la admiración, por la sublime compostura con la que Catón, Bruto, Petronio y tantos otros dignatarios de la Antigüedad pusieron fin a su propia existencia en la tierra. ¿Es demasiado audaz insinuar que la muerte del primero de estos filósofos fue en parte un suicidio? Cuando sus discípulos nos cuentan tan minuciosamente cómo su maestro se sometió voluntariamente al mandato del Estado —que él sabía moralmente erróneo— a pesar de las posibilidades de escapar, y cómo tomó la copa de cicuta con su propia mano, ofreciendo incluso una libación de su contenido mortal, ¿no podemos discernir, en todo su proceder y comportamiento, un acto de autoinmolación? No hubo compulsión física, como en los casos ordinarios de ejecución, aunque es cierto que el veredicto de los jueces era obligatorio, puesto que decía: "Morirás y por tu propia mano". Si el suicidio no significaba más que morir por la propia mano, Sócrates era un caso claro de suicidio, pero nadie le acusaría de tal crimen. Platón, que le tenía aversión, no llamaría suicida a su maestro.

Ahora, comprenderán mis lectores que el *seppuku* no era un simple proceso suicida. Era una institución, legal y ceremonial. Inventado en la Edad Media, era un procedimiento mediante el cual los guerreros podían expiar crímenes, disculparse por errores cometidos, escapar de la desgracia, redimir a amigos o demostrar sinceridad. Cuando se imponía como castigo legal, se llevaba a cabo con la debida ceremonia. Era un refinamiento de la autodestrucción y nadie podía llevarlo a cabo sin la mayor frialdad de temperamento y compostura en la conducta. Por estas razones, era particularmente apropiado para la profesión de *bushi*.

La curiosidad por lo antiguo, si puede llamarse de otra manera, me tentaría a dar aquí una descripción de esta obsoleta ceremonia, pero viendo que ya fue hecha por un escritor mucho más capaz, cuyo libro no se lee mucho hoy en día, me siento tentado a hacer una cita un poco larga. Algernon Mitford, en sus "Historia del antiguo Japón", después de traducir un tratado sobre el *seppuku* de un raro manuscrito japonés, pasa a describir un caso del que fue testigo presencial:

«Nosotros, siete representantes extranjeros, fuimos invitados a seguir al testigo japonés hasta el *hondo* o sala principal del templo, donde se celebraría la ceremonia. Se trataba de una imponente escena. La gran sala tenía un techo alto, sostenido por oscuros pilares de madera, del que colgaba una de esas enormes lámparas doradas y ornamentos peculiares de los templos budistas. Frente al altar mayor, donde el suelo cubierto de hermosas esteras blancas se elevaba unos cinco o seis centímetros, había una alfombra de fieltro escarlata. Unas velas altas, dispuestas a intervalos regulares, emitían una luz tenue y misteriosa, suficiente para que se distinguiera todo lo que ocurría. Los siete japoneses se ubicaron a la izquierda del suelo elevado y los siete extranjeros a la derecha. No había más nadie.

»Tras unos pocos minutos de angustioso suspenso, Taki Zenzaburo, un hombre robusto de treinta y dos años con aire de noble, entró en la sala ataviado con su traje de ceremonia, usando las peculiares alas de tela de cáñamo que se llevan en las mejores ocasiones. Iba acompañado por un *kaishakunin* y tres oficiales, que vestían el *jimbaori* o saco de guerra con adornos de tejido dorado. Es pertinente señalar que la palabra *kaishakunin* no es equivalente a verdugo. El cargo es el de un caballero, que en muchos casos es desempeñado por un pariente o amigo del condenado, y la relación entre ellos es más la de principal y segundo que la de víctima y verdugo. En este caso, el *kaishakunin* era un discípulo de Taki Zenzaburo, y fue seleccionado por los amigos de este último por su habilidad con la espada.

»Con el *kaishakunin* a su mano izquierda, Taki Zenzaburo avanzó lentamente hacia los dos testigos japoneses, quienes se inclinaron ante ellos, luego acercándose a los extranjeros para saludarnos de la misma manera, quizás incluso con más deferencia. En cada caso, el saludo fue ceremoniosamente devuelto. Lentamente y con gran dignidad, el condenado subió al piso elevado, se arrodilló dos veces ante el altar mayor y se sentó en la alfombra de fieltro, de espaldas al altar mayor, con el *kaishakunin* agachado a su izquierda[85]. Uno de los tres oficiales asistentes se acercó llevando un atril de los que se usan en el templo para las ofrendas. Sobre este iba envuelta en papel la *wakizashi*, espada corta o puñal de los japoneses que tiene

---

85   Nota del autor: "Se sentó" a la manera japonesa, es decir, con las rodillas y los dedos de los pies en contacto con el suelo y el cuerpo descansando sobre los talones. En tal posición, que denota respeto, se mantuvo hasta su muerte.

nueve pulgadas y media de longitud, además de una punta tan afilada como la de una navaja de afeitar[86]. Postrándose, se la entregó al condenado, quien la recibió reverentemente, levantándola hacia su cabeza con ambas manos y colocándola frente a sí.

»Tras otra profunda reverencia, Taki Zenzaburo, con una voz que delataba tanta emoción y vacilación como podría esperarse de un hombre haciendo una dolorosa confesión, pero sin signos de ninguna de las dos cosas en su rostro o sus modos, dijo lo que sigue:

Yo y solamente yo, injustificadamente, di la orden de disparar a los extranjeros en Kobe. Y otra vez mientras intentaban escapar. Por este crimen me desentrañaré. Ruego a los presentes me hagan el honor de atestiguar el acto.

»Inclinándose una vez más, el que había hablado dejó que sus prendas superiores se deslizaran hasta su faja y permaneció desnudo hasta la cintura. Cuidadosamente, según era la costumbre, remetió las mangas bajo las rodillas para evitar caerse hacia atrás, pues un noble caballero japonés debía morir cayendo hacia delante. Deliberadamente y con mano firme cogió el puñal que tenía ante sí, lo miró con una nostalgia que casi rayaba en afecto y, durante un momento, pareció ordenar sus pensamientos por última vez. Acto seguido, se clavó la espada profundamente por debajo de la cintura en el lado izquierdo, arrastró el puñal lentamente hacia su lado derecho y, girándolo en la herida,

86 Los samuráis llevaban dos espadas al cinto: la espada larga, conocida como *tachi, daito* o *shoto* y más adelante como *uchigatana* o simplemente *katana*; y la espada corta, llamada *wakizashi*. Esta última media entre 25 y 60 cms. y era el arma que se empleaba en el *seppuku*.

hizo un pequeño corte hacia arriba. Durante esta dolorosa operación no movió ni un solo músculo de la cara. Al sacar el puñal, se inclinó hacia delante y estiró el cuello. Una expresión de dolor cruzó por primera vez su semblante, pero no emitió sonido alguno. En ese momento, el *kaishakunin,* que seguía agazapado a su lado observando atentamente cada uno de sus movimientos, se puso de pie en un salto y alzó la espada en el aire durante un segundo. Se produjo un destello, un golpe fuerte y feo, una caída estrepitosa. De un solo golpe, la cabeza había sido separada del cuerpo.

»El silencio sepulcral continuó y solamente fue roto por el horrible ruido de la sangre que palpitaba en la cabeza inerte que teníamos ante nosotros y que un momento antes había pertenecido a un hombre valiente y caballeroso. Fue espantoso.

»El *kaishakunin* hizo una reverencia mayor, limpió su espada con un pedazo de papel que tenía listo con ese objeto y se retiró del piso elevado. El puñal manchado fue llevado lejos con solemnidad, como una prueba sangrienta de la ejecución.

»Entonces los dos representantes del *Mikado*[87] dejaron sus lugares y cruzaron la sala hasta el lugar donde nos habíamos sentado los testigos extranjeros, invitándonos a dar testimonio de que la sentencia de muerte que pesaba sobre Taki Zenzaburo había sido cumplida fielmente. Habiendo terminado la ceremonia, abandonamos el templo».

Podría multiplicar las descripciones de *seppuku* a partir de la literatura o los relatos de testigos oculares, pero solo un ejemplo más será suficiente.

---

87   Emperador de Japón.

Dos hermanos, Sakon y Naiki, de veinticuatro y diecisiete años, respectivamente, intentaron matar a Ieyasu para vengar los agravios de su padre. Pero antes de que pudieran entrar en el campamento, fueron tomados como prisioneros. Admirando la valentía de los jóvenes al atreverse a atentar contra su vida, el viejo general ordenó que se les permitiera tener una muerte honorable. Su hermano menor, Hachimaro, un niño de apenas ocho años, fue condenado a similar destino, dado que la sentencia había sido pronunciada contra todos los varones de la familia. Los tres fueron llevados entonces a un monasterio, donde se iba a realizar la ejecución. Un médico que estuvo presente en el acto dejó un diario del que se extrae la siguiente escena: "Mientras estaban todos sentados en fila para la ejecución, Sakon se volvió hacia el más joven de sus hermanos y le dijo: 'Ve tú primero, porque quiero asegurarme de que lo haces bien'. Al responder el pequeño que, como nunca había visto hacer *seppuku*, le gustaría ver a sus hermanos hacerlo para poder seguirlos, estos últimos le sonrieron entre lágrimas: '¡Bien dicho, pequeño! Puedes presumir de ser hijo de nuestro padre'. Una vez lo ubicaron entre ellos, Sakon clavó la daga en el lado izquierdo de su propio abdomen y señaló: '¡Mira, hermano! ¿Lo entiendes ahora? Pero no empujes demasiado la daga, no vaya a ser que te caigas hacia atrás. Más bien inclínate hacia delante y mantén las rodillas firmes'. Naiki hizo lo mismo y le dijo al muchacho: 'Mantén los ojos abiertos o parecerás moribundo. Si tu daga siente algo dentro y te faltan fuerzas, ármate de valor y redobla el esfuerzo para atravesar el abdomen'. El niño miró de uno a otro lado y, cuando ambos hubieron muerto, se desnudó a medias tranquilamente y siguió el ejemplo de ambos".

Como es natural, la glorificación del *seppuku* ofrecía no pocas tentaciones de cometerlo injustificadamente. Por causas absolutamente incompatibles con la razón o por razones totalmente indignas para la muerte, los jóvenes más apasionados se precipitaban sobre esta ceremonia como los insectos vuelan al fuego. Motivos confusos y dudosos empujaban a más samuráis a este acto que monjas a las puertas de los conventos. La vida era barata según la creencia popular sobre el honor. Lo más triste era que el honor, que siempre estaba en el *agio*[88], por decirlo de alguna manera, no siempre era de oro macizo, sino compuesto de metales comunes. Ningún círculo del infierno puede presumir de una mayor densidad de población japonesa que el séptimo, adonde Dante envía todas las víctimas de la autodestrucción.

Sin embargo, para un verdadero samurái, acelerar la muerte o cortejarla era lo mismo que la cobardía. Un luchador típico, tras perder batalla tras batalla y ser perseguido de llanura a colina y de arbusto a caverna, se encontraba hambriento y solo en el oscuro hueco de un árbol, con la espada desafilada por el uso, el arco roto y sin flechas (¿acaso el más noble de los romanos no cayó sobre su propia espada en Filipos, en circunstancias similares?). Considerando cobarde morir, pero con una entereza cercana a la de un mártir cristiano, se animó con un verso improvisado:

¡Vengan! Vengan siempre
temibles penas y dolores,

---

88   Del italiano, "beneficio que se obtiene a partir del cambio de monedas o de descontar letras, pagarés, entre otros".

y amontónense sobre mi espalda cargada,
para que no me falte ni una prueba
de la fuerza que me queda.

Esta era, pues, la enseñanza del Bushidō: soportar y afrontar todas las calamidades y adversidades con paciencia y conciencia pura. Porque, como enseñó Mencio, "cuando el cielo está a punto de conferir un gran mandato a alguien, primero ejercita su mente con el sufrimiento. Después, sus tendones y huesos con el trabajo. Expone su cuerpo al hambre, lo somete a una pobreza extrema y confunde sus obligaciones. Es de todas estas formas que estimula su mente, endurece su naturaleza y suple sus incompetencias". El verdadero honor reside en cumplir el decreto del cielo y ninguna muerte a la que se incurra en esta misión es denigrante, mientras que cuando sucede para evitar lo que el cielo tiene reservado para nosotros es, ciertamente, cobarde. En ese pintoresco libro de Sir Thomas Browne, "Religio medici", hay un equivalente inglés exacto para lo que se enseña repetidamente dentro de nuestros preceptos. Permítanme citarlo: "Es un gran acto de valor despreciar la muerte. Pero donde la vida sea más terrible que la muerte, el verdadero valor reside en atreverse a vivir". Un renombrado sacerdote del siglo XVII hizo un comentario satírico: "Hable como hable, un samurái que nunca ha muerto es propenso, en los momentos decisivos, a huir o esconderse". También este otro: "A quien haya muerto una vez en el fondo de su pecho, ni las lanzas de Sanada ni las flechas de Tametomo podrán atravesarlo"[89]. ¡Cuán

---

89   "Las lanzas de Sanada" posiblemente se refieran al samurái Sanada Yokimura (muerto en 1615) y a su heroica defensa del castillo

cerca estamos de las puertas del templo cuyo constructor enseñó que "el que pierda su vida por mí, la encontrará"! Estos son solamente algunos de los numerosos ejemplos que confirman la identidad moral de la especie humana, a pesar del intento recurrente de hacer que la distinción entre cristianos y paganos sea lo más grande posible.

Hemos visto entonces que la institución del suicidio en el Bushidō no era ni tan irracional ni tan bárbara como su abuso nos parecería a primera vista. Ahora veremos si su institución hermana, el desagravio o, si se quiere, la venganza, tiene los mismos rasgos atenuantes. Espero poder resolver esta cuestión en unas pocas palabras, ya que una institución similar, que podemos llamar costumbre, si les parece mejor, ha prevalecido en algún momento determinado en cada pueblo y aún no ha quedado totalmente obsoleta, como lo atestigua la persistencia de los duelos y los linchamientos. ¿Por qué un capitán americano no ha desafiado recientemente a Esterhazy, para que los agravios de Dreyfus sean vengados? En una tribu salvaje en la que no existe el matrimonio, el adulterio no es un pecado y solo los celos de un amante protegen a una mujer de los abusos. Así, en una época en la que no existe un tribunal penal, el asesinato no es un crimen y únicamente la venganza de un pueblo vigilante mantiene el orden social. "¿Qué es lo más bello de la tierra?", preguntó Osiris. Horus respondió: "Vengar los males de un padre". A lo que un japonés añadiría "y los de un amo".

---

de Osaka, construido por Toyotomi Hideyoshi, contra los ataques de Teyasu Tokugawa. Mientras que "las flechas de Tametomo" aluden a un maestro de tiro con arco famoso, que era tío de Yoritomo, primer shōgun del clan Minamoto.

En la venganza hay algo que satisface el sentido de justicia. El vengador razona de la siguiente manera: "Mi padre era bueno y no merecía la muerte. El que lo mató hizo un gran mal. Si estuviera vivo, mi padre no toleraría un acto como este. El mismo cielo odia el mal. Es la voluntad de mi padre y del cielo que el malhechor no persista en su obra. Debe morir por mi misma mano. Porque derramó la sangre de mi padre, yo, que soy su carne y sangre, debo derramar la de este asesino. El mismo cielo no nos cobijará tanto a él como a mí". El razonamiento es simple e infantil —aunque sabemos que Hamlet no razonó mucho más profundamente—, sin embargo, muestra un sentido innato del equilibrio exacto y la justicia igualitaria: "Ojo por ojo y diente por diente". Nuestro sentido de la venganza es tan preciso como nuestra facultad matemática. Y hasta que no se satisfacen ambos términos de la ecuación, no se puede superar la sensación de que algo ha quedado sin hacer.

En el judaísmo, que creía en un Dios celoso; o en la mitología griega, que preveía un castigo fatal, la venganza podía dejarse en manos de entidades sobrehumanas. Pero el sentido común dotó al Bushidō de la institución del desagravio como una especie de tribunal ético de la equidad, donde la gente podía llevar los casos que no debían juzgarse según la ley ordinaria. El maestro de los 47 rōnin fue condenado a muerte. No había ningún tribunal superior al que apelar, por lo que sus fieles sirvientes acudieron a la venganza, el único tribunal supremo existente. Ellos, a su vez, fueron condenados por el derecho común, pero el instinto popular dictó una sentencia diferente y de ahí que su memoria se mantenga tan verde y fragante como lo están sus tumbas en Sengakuji hasta el día de hoy.

Aunque Lao-Tse[90] enseñaba a recompensar las injurias con bondad, la voz de Confucio era mucho más potente y aconsejaba que las injurias debían ser recompensadas con justicia. No obstante, la venganza solamente estaba justificada cuando se emprendía en nombre de superiores y benefactores. Los propios agravios, incluyendo las heridas causadas a esposas e hijos, debían soportarse y perdonarse. Por tanto, un samurái podría simpatizar plenamente con el juramento de Aníbal de vengar los agravios de su país, pero despreciar a James Hamilton por llevar en su faja un puñado de tierra de la tumba de su esposa como incentivo eterno para vengarla asesinando al regente Murray.

Estas dos instituciones, el suicidio y la redención, perdieron su *raison d'être*[91] con la promulgación del código penal. Ya no escuchamos hablar de aquellas románticas aventuras donde una hermosa doncella persigue disfrazada al asesino de su progenitor. Ya no presenciamos tragedias de *vendetta*[92] familiar. La caballería errante de Miyamoto Musashi[93] es hoy un cuento del pasado. La bien ordenada

---

90   Filósofo y pensador chino que vivió en el siglo V a. C. y ejerció una gran influencia en el pensamiento oriental con una sola obra de apenas 5.000 palabras: el "Tao Te Ching", que podría traducirse al español como "El libro del camino".

91   Del francés, "razón de ser".

92   Del italiano, "venganza".

93   1584-1645. Representa el prototipo del samurái clásico japonés. Su leyenda comienza a los trece años cuando vence en su primer combate a un veterano samurái de la escuela Shinto, pocos años después lanzándose a vivir en la errancia como un rōnin y participando en decenas de combates sin perder alguno. Al final de su vida, ya retirado en una cueva, escribió uno de los textos claves para entender el Bushidō y, en particular, el kendo: "Go-rin no sho", que en español se puede traducir como "El libro de los cinco anillos".

policía espía al criminal en lugar de la parte perjudicada y la ley imparte justicia. Todo el Estado y la sociedad puede ver que el mal se corrige. Satisfecho el sentido de justicia, no hay necesidad de *katakiuchi*. Si este hubiera significado que el "hambre del corazón que se alimenta de la esperanza de saciarse con la sangre vital de la víctima", como ha sido descrito por un divino de Nueva Inglaterra, unos pocos párrafos del código penal no habrían acabado con él.

En cuanto al *seppuku*, aunque tampoco existe *de jure*[94], oímos hablar de él de vez en cuando. Y me temo que seguiremos oyendo hablar de él mientras se recuerde el pasado. Se pondrán de moda muchos métodos de autoinmolación indoloros y que ahorran tiempo, ya que sus adeptos aumentan con temible rapidez alrededor del mundo. Pero el profesor Morselli tendrá que conceder al *seppuku* una posición aristocrática entre ellos. Él sostiene que "cuando el suicidio se lleva a cabo por medios muy dolorosos o a costa de una agonía prolongada, en noventa y nueve de cada cien casos, puede ser asignado como el acto de una mente trastornada por el fanatismo, la locura o la excitación mórbida"[95]. Pero un *seppuku* normal no sabe a fanatismo, locura o excitación, siendo necesario la máxima *sang froid*[96] para su exitosa realización. De los dos tipos en que el doctor Strahan[97] divide el suicidio, el racional o cuasi, y el irracional o verdadero, el *seppuku* es el mejor ejemplo del primer tipo.

---

94   Del latín, "existencia legal".
95   Nota del autor: Enrico Morselli, "Suicide", pág. 314.
96   Del francés, "sangre fría".
97   Nota del autor: Samuel Alexander Kenny Strahan, "Suicide and Insanity".

De estas sangrientas instituciones, al igual que el tono general del Bushidō, es fácil deducir que la espada tenía un papel relevante en la disciplina y la vida social. Un dicho que pasó a ser un axioma denominaba la espada como el alma de los samuráis y la hizo emblema de poder y valor.

Capítulo XIII
La espada, el alma del samurái

Cuando Mahoma proclamó que "la espada es la llave del cielo y del infierno" se hizo eco de un sentimiento japonés. Muy pronto, el niño samurái aprende a blandirla. Es un momento trascendental para él cuando, a los cinco años, es vestido con la parafernalia del traje samurái, se le ubica sobre un tablero de *go*[98] y es iniciado en los derechos de la profesión militar, al introducirle una espada de verdad en el cinturón, en lugar del puñal de juguete con el que ha jugado hasta entonces. Después de esta primera ceremonia de *adoptio per arma*[99], no se le vuelve a ver fuera de la casa paterna sin esta insignia de su estatus, aunque normalmente se sustituye por un puñal de madera dorada en el día a día. No pasan muchos años antes de que use con constancia el acero genuino, aunque sin filo[100], y entonces las armas falsas son arrojadas a un lado y, con un

---

98   Nota del autor: Al juego del *go* a veces se le llama "damas japonesas", pero es mucho más complicado que el aludido juego inglés de las damas. El tablero contiene 361 casillas y representa un campo de batalla. El objetivo del juego es ocupar el mayor espacio posible.

99   Del latín, "adopción por las armas".

100   La ceremonia de entrega de las espadas verdaderas al joven samurái era conocida como *gembuku*. En esta, se afeitaba la parte frontal de la cabellera del adolescente y se le cambiaban las vestimentas tradicionales de niño por las de adulto.

disfrute más entusiasta que el de adquirir espadas nuevas, sale a probar su filo sobre madera y piedra. Cuando llega a la edad de quince años, al habérsele otorgado independencia de acción, ya puede enorgullecerse de poseer armas lo suficientemente afiladas para cualquier trabajo. La posesión misma de ese peligroso instrumento le da un sentimiento y aires de autoestima y responsabilidad. "No lleva su espada en vano", dicen. Lo que lleva en su cinturón es un símbolo de lo que lleva en su mente y en su corazón: lealtad y honor. Las dos espadas, la más larga y la más corta —llamadas, respectivamente, *daito* y *shoto* o *katana* y *wakizashi*—, nunca se separan de él. Cuando está en casa, ocupan el lugar más visible en el estudio o en el salón. Mientras que, por la noche, protegen su almohada estando al alcance de su mano. Compañeras constantes, son muy queridas y reciben nombres cariñosos. Son veneradas y casi adoradas. El padre de la historia[101] ha registrado como dato curioso que los escitas se sacrificaban ante una cimitarra de hierro. Muchos templos y familias de Japón atesoran una espada en tanto objeto de adoración. Incluso el puñal más común recibe el debido respeto. Cualquier insulto dirigido a la espada de otro equivale a una afrenta personal. ¡Ay de aquel descuidado que pise un arma tirada en el suelo!

Un objeto así de preciado no podía escapar de la vista y habilidad de artistas ni de la vanidad de su dueño, especialmente en épocas de paz, cuando no tenía otra utilidad que la de ser un báculo para un obispo o un cetro para un rey. La piel de tiburón y la seda más fina para la empuñadura, la plata y el oro para su protección y la laca de

101   Referencia a Heródoto.

tonalidades variadas para la vaina, despojaban al arma más mortífera de la mitad de su terror. Pero estos accesorios son juguetes comparados con la misma hoja.

El herrero no era un mero artesano, sino un artista con una inspiración y un taller que hacía las veces de santuario. Cada día comenzaba su oficio con la oración y la purificación o, como se solía decir, "entregaba su alma y su espíritu a la forja y el templado del acero". Cada balanceo del martillo, cada zambullida en el agua, cada fricción en el molinillo, era un acto religioso de gran importancia. ¿Era el espíritu del maestro o el de su dios el que lanzaba un formidable hechizo sobre la espada? Perfecta como una obra de arte, desafiando a sus rivales de Toledo y Damasco, hay más de lo que el arte podría enseñar. Su fría hoja, que recoge los vapores de la atmósfera en su superficie, en el momento en que es desenvainada; su inmaculada textura, que destella una luz de tono azulado; su inigualable filo, del que penden tantas historias y posibilidades; la curva de su lomo, que funde una gracia exquisita con la máxima fuerza; todo esto nos estremece y nos genera sentimientos de poder y belleza, de asombro y terror. Inofensiva sería su misión, si solamente fuera un objeto de belleza y alegría. Pero al siempre estar al alcance de la mano, no era poca la tentación de abusar de ella. Con demasiada frecuencia, la hoja salía disparada de su pacífica vaina. Y el abuso a veces llegaba hasta tal punto que se probaba el acero en el cuello de alguna criatura indefensa.

Sin embargo, la pregunta que más nos preocupa es la siguiente: ¿justificaba el Bushidō el uso indiscriminado de la espada? La respuesta es inequívoca: ¡no! Así como ponía un enorme énfasis en su uso apropiado, también denunciaba y aborrecía su mal uso. Un canalla o un fanfarrón era aquel que blandía su arma en ocasiones injustas. Un hombre dueño de sí mismo sabía cuál era el momento oportuno para usarla, y esos momentos se presentaban poquísimas veces. Tengamos en cuanto al difunto conde Katsu Kaishu[102], quien atravesó una de las épocas más turbulentas de nuestra historia, cuando los asesinatos, suicidios y otras prácticas sanguinarias estaban a la orden del día. Dotado como estuvo de poderes prácticamente dictatoriales, repetidamente señalado como objeto de asesinato, nunca ensució su espada con sangre. Al relatar algunos de sus recuerdos a un amigo, dice de una manera pintoresca y plebeya que le es tan peculiar: "Siento un gran rechazo a matar gente y por eso no he matado ni a un solo hombre. He liberado a aquellos cuyas cabezas deberían haber sido rebanadas. Un amigo me dijo un día: 'No matas lo suficiente. ¿Acaso no comes pimientos y berenjenas?'. Bueno... ¡Algunas personas no son mejores que otras! Pero ya ves que ese tipo se mató a sí mismo. Mi huida puede deberse a mi aversión a matar. Tenía la empuñadura de mi espada tan bien sujeta a la vaina que me costaba sacarla. Decidí que, aunque me cortaran, no cortaría a nadie. Sí, sí, algunas personas son como las pulgas y los mosquitos en el sentido de que pican, pero, ¿qué implica su picadura? Pica un poco, es todo. No pone en peligro la vida de nadie". Son las palabras de alguien cuyo entrenamiento en el Bushidō fue puesto a prueba en la más ardiente adversidad

---

102   1823-1899. Político, historiador y escritor, además de un experimentado samurái, que jugó un papel fundamental en la Restauración Meiji, período histórico que constituyó el inicio de la transición del Japón tradicional hacia una sociedad "moderna".

y triunfo. Apotegmas populares que dicen "ser vencido es vencer", que significa que la verdadera conquista está en no oponerse a un enemigo alborotador; y que "la victoria mejor ganada es la que se obtiene sin derramamiento de sangre" muestran que, después de todo, el ideal último de la caballería era la paz.

Fue una tremenda lástima que este elevado ideal se dejara de forma exclusiva en manos de sacerdotes y moralistas para que lo predicaran, mientras que los samuráis seguían practicando y ensalzando los rasgos marciales. En esto llegaron a incidir los ideales de feminidad de carácter amazónico. Aprovechemos y dediquemos entonces unos párrafos al tema de la formación y la posición de la mujer.

Capítulo XIV
El entrenamiento
y la posición de la mujer

En ocasiones, se ha llamado a la mitad femenina de nuestra especie el parangón de las paradojas porque el funcionamiento intuitivo de su mente está más allá del "entendimiento aritmético" de los hombres. El ideograma chino que denota "lo misterioso" o "lo inescrutable" consta de dos partes, una significa "joven" y la otra "mujer", porque los encantos físicos y los delicados pensamientos de este sexo están por encima del grueso calibre mental de nuestro sexo como para ser explicados.

Sin embargo, en el ideal de mujer del Bushidō hay poco misterio y solamente una aparente paradoja. He dicho que este era amazónico, pero esa es una verdad a medias. Ideográficamente, los chinos representan a la esposa por medio de una mujer que sostiene una escoba, ciertamente no para blandirla ofensiva o defensivamente contra su cónyuge ni para hacer brujería, sino para darle el que la concibió, inofensivamente. La idea implícita no es, por lo tanto, menos casera que la derivación etimológica de las palabras inglesas *wife* y *daughter*[103]. Sin limitar la esfera de las acti-

103 En inglés, la palabra *wife* (esposa) deriva de *weaver* (tejedora); mientras que *daughter* (hija) lo hace de *duhitar*, vocablo de probable origen sánscrito que equivale a "lechera".

vidades de las mujeres a *küche*, *kirche* o *kinder*[104], como se dice que hace el actual *kaiser* alemán[105], el ideal Bushidō de la feminidad era preeminentemente doméstico. Estas aparentes contradicciones —domesticidad y rasgos amazónicos— no son incoherentes con los preceptos de caballería, como veremos ahora.

Siendo el Bushidō una enseñanza principalmente destinada al sexo masculino, las virtudes que se apreciaban en la mujer estaban naturalmente lejos de ser femeninas. Johann Joachim Winckelmann señala que "la belleza suprema del arte griego es más masculina que femenina", a lo que William H. Lecky[106] añade que esto era cierto tanto en la concepción moral como en el arte de los griegos. De igual manera, el Bushidō elogiaba a aquellas mujeres "que se emancipaban de la fragilidad de su sexo y mostraban una fortaleza heroica digna del más fuerte y valiente de los hombres", por lo que las jóvenes eran entrenadas para reprimir sus sentimientos, moderar sus nervios y manipular las armas, especialmente la espada de mango largo conocida como *nagi-nata*, con la finalidad de ser capaces de resistir a adversidades inesperadas. No obstante, el motivo principal de los ejercicios de este carácter marcial no era su uso en el campo de batalla, sino personal y doméstico. La mujer, al no tener soberano propio, formaba su propia guardia personal. Con su arma protegía su santidad personal con tanto celo como su marido lo hacía con su señor. La utilidad doméstica de su entrenamiento bélico estaba en la educación de sus hijos, como también veremos.

---

104   Del alemán, "cocina", "iglesia" y "niños", respectivamente.
105   Se refiere a Guillermo II.
106   Nota del autor: "History of European Morals II", pág. 383.

Si bien rara vez eran de utilidad práctica, la esgrima y otros ejercicios similares constituían un saludable contrapeso a los hábitos sedentarios de la mujer. Pero estos ejercicios no se practicaban únicamente con fines de salud. Podían utilizarse en momentos de necesidad. Las muchachas, una vez alcanzada la edad adulta, recibían puñales o dagas de bolsillo (*kai-ken*) que podían dirigir al pecho de sus agresores o, si era aconsejable, al suyo propio. Esto último ocurría con bastante frecuencia, pero no lo juzgaré con severidad. Ni siquiera la conciencia cristiana, con su horror a la autoinmolación, puede ser dura con ellas, en vista de que Pelagia y Domnina, dos suicidas, fueron canonizadas por su pureza y piedad. Cuando una japonesa veía amenazada su castidad, no esperaba el puñal de su padre. Su propia arma estaba siempre en su pecho y no conocer la forma adecuada en que debía perpetrar su autodestrucción era una desgracia para ella. Por ejemplo, por poco que le hubieran enseñado sobre anatomía, debía saber el punto exacto donde cortar en la garganta o cómo atarse los miembros inferiores con un cinturón para que, fueran las que fueran las agonías de la muerte, su cadáver se encontrara en la posición de mayor modestia, con los miembros debidamente compuestos. ¿No es una precaución como esta digna de la cristiana Perpetua o de la vestal Cornelia? No haría una pregunta tan abrupta si no fuera por la idea errónea, basada en nuestras costumbres de baño[107] y otras

---

107 Nota del autor: Para una explicación bastante sensata de la desnudez y del baño véase el libro de Henry T. Finck, "Lotos Time in Japan", págs. 286-297.

Nota del traductor: Esta tradición consiste, a grandes rasgos, en que la familia completa, tras lavarse o ducharse previamente para limpiar el cuerpo y preservar el agua que usarán, toma un baño como rito purifi-

nimiedades, de que la castidad nos es desconocida. Por el contrario, la castidad era una virtud preeminente de la mujer samurái, considerada más importante que la vida misma. Una joven hecha prisionera, viéndose en peligro de sufrir violencia a manos de rudos soldados, dice que obedecerá su voluntad, siempre que antes se le permita escribir una línea a sus hermanas, a quienes la guerra ha dispersado por distintos lugares. Cuando termina la epístola, corre al pozo más cercano y salva su honor ahogándose. La carta termina con estos versos:

Por miedo a que las nubes puedan atenuar su luz,
si solo puede rozar esta esfera más baja,
la joven luna suspendida en la altura
se apresura a emprender vuelo.

Sería injusto dar a entender a mis lectores que solamente la masculinidad era el ideal más elevado para la mujer ni mucho menos. Se les exigían logros y las gracias más gentiles de la vida. La música, la danza y la literatura no podían descuidarse. Algunos de los mejores versos de nuestra literatura vienen de expresiones del sentimiento femenino. De hecho, las mujeres desempeñaron un papel importante en la historia de las *belles lettres*[108] japonesas. Se les enseñaba a bailar —hablo de las samuráis, no de las *geishas*[109]— únicamente para suavizar la angulosidad de

cador y relajante en el llamado ofuro, gran tina construida con madera olorosa que evita el uso de jabones y otros productos aromáticos que podrían corromper el agua, la cual se mantiene a unos 40 grados.
108   Del francés, "bellas letras".
109   El carácter *gei* se traduce como "de las artes", mientras que *sha*

sus movimientos. La música era para entretener las horas de cansancio de sus padres y maridos. En ese sentido, no era por la técnica o el arte como tal que se aprendía música. El objetivo último era la purificación del corazón, ya que se decía que no era posible alcanzar la armonía del sonido sin que el corazón de la intérprete estuviera en armonía consigo misma. Vemos entonces que nuevamente prevalece la idea observada en la formación de los jóvenes: los logros estaban siempre subordinados al valor moral. Se practicaba la música y el baile lo suficiente como para añadir gracia y brillo a la vida, pero nunca para fomentar la vanidad y la extravagancia. Simpatizo con el príncipe persa que, cuando lo llevaron a un salón de baile en Londres y le pidieron que participara en la fiesta, comentó sin rodeos que en su país había un grupo particular de muchachas que hacía ese tipo de cosas por ellos.

Los logros de las mujeres no se adquirían por ostentación o ascenso social. Eran una diversión casera y, si brillaban en las fiestas, era en tanto atributos de una anfitriona. En otras palabras, como parte del dispositivo doméstico necesario para brindar hospitalidad. La domesticidad era la guía de su educación. Podría decirse que los logros de las mujeres del antiguo Japón, ya fueran de carácter marcial o pacífico, estaban principalmente destinados al hogar. Y por muy lejos que viajaran, nunca perdían de vista el hogar

---

equivale a "persona", de modo que *geisha* literalmente significa "persona de las artes". En efecto, son expertas en numerosas artes tradicionales japonesas como la danza, el canto, el shamisen, la ceremonia del té, el arreglo floral, la caligrafía, la poesía, la pintura, la etiqueta y la conversación; todo cuanto exige numerosos años de estudio y entrenamiento.

como centro de todas las cosas. Para mantener su honor e integridad intactas, se esclavizaban, se esforzaban y entregaban sus vidas. De día y de noche, en tonos a la vez firmes y tiernos, valientes y quejumbrosos, cantaban a sus pequeños nidos. Como hija, la mujer se sacrificaba por su padre; como esposa, por su marido; y como madre, por su hijo. Así, desde su más tierna infancia, se le enseñaba a negarse a sí misma. Su vida no era independiente, sino de servicio subordinado. Concebida como una ayudante del hombre, si su presencia es útil, permanecía en el escenario con él. Pero si, por el contrario, obstaculizaba su trabajo, se retiraba detrás del telón. No era poco común que un joven se enamorara de una doncella que correspondiera a su amor con igual ardor, pero cuando se daba cuenta de que su interés por ella le hacía olvidar sus deberes, la desfiguraba para que cesaran sus atractivos. Adzuma, la esposa ideal en la mente de las samuráis, es amada por un hombre que, para ganarse su afecto, conspira contra su marido. Fingiendo unirse al complot, ella se las arregla en la oscuridad para ocupar el lugar de su marido para que su propia y devota cabeza descienda la espada del amante.

La siguiente epístola, escrita por la esposa de un joven *daimyō* antes de quitarse la vida, no necesita comentario: "Demasiadas veces he escuchado que ningún accidente o casualidad estropea el desenvolvimiento de los acontecimientos aquí abajo y que todo marcha de acuerdo a un plan. Cobijarse bajo una rama cualquiera o beber del mismo río es algo ordenado desde épocas anteriores a nuestro nacimiento. Desde que nos unieron los lazos del eterno matrimonio, hace ahora dos cortos años, mi corazón te ha seguido, como la sombra sigue a un objeto, inseparablemente unidos de corazón a corazón, amando y siendo amados. Sin embargo, sabiendo hace poco que la batalla que se avecina será la última de tu labor y de tu vida, recibe la despedida de tu amada compañera. He oído que Kō-u, el poderoso guerrero de la antigua China, perdió una batalla al no querer separarse de su favorita, Gu. También Yoshinaka[110], valiente como era, trajo el desastre a su causa. Era demasiado débil como para despedirse tan pronto de su esposa. Entonces, ¿por qué debería yo, a quien la tierra ya no ofrece esperanza ni alegría, detenerte a ti o a tus pensamientos al seguir viviendo? ¿Por qué no he de esperarte en el camino que todos los mortales recorreremos alguna vez? Por favor, nunca olvides los muchos beneficios que nuestro buen maestro Hideyori[111] te ha proporcionado. La gratitud que le debemos es tan profunda como el mar y tan alta como las colinas".

La renuncia de la mujer por el bien de su marido, su hogar y su familia era tan voluntaria y honorable como la entrega del hombre por el bien de su señor y su país. La renuncia a uno mismo, sin la cual no puede resolverse ningún enigma de la vida, era la clave de la lealtad del hombre, así como lo era de la domesticidad de la mujer. Ella no era más esclava del hombre que su marido de su señor feudal y el papel que desempeñaba era reconocido como *naijo*, "la ayuda interior". En la escala ascendente del servicio estaba la mujer, que se aniquilaba por el hombre, para que este pudiera aniquilarse por su señor y, este,

---

110   1154-1184. Militar japonés y *shōgun* de finales del periodo Heian.

111   Toyotomi Hideyori (1593-1615) fue el hijo y sucesor de Toyotomi Hideyoshi, el general que logró unificar Japón por primera vez.

a su vez, obedeciera al cielo. Reconozco la debilidad en esta enseñanza y también la superioridad del cristianismo, manifestada en ninguna otra parte más que aquí, en el sentido de que exige de todas y cada una de las almas vivientes una responsabilidad directa ante su creador. No obstante, en lo que respecta a la doctrina del servicio —el servicio a una causa superior a uno mismo, que incluso nos lleva a sacrificar nuestra propia individualidad; la doctrina del servicio, que es la más grande que Cristo predicó y que es la clave sagrada de su misión—, el Bushidō se basa en la verdad eterna.

No me acusarán mis lectores de prejuicios indebidos que favorezcan la rendición servil de la voluntad. Acepto, en gran medida, la opinión expuesta con amplitud de conocimiento y defendida con profundidad de pensamiento por Hegel, de que la historia es el despliegue y la realización de la libertad. Lo que quiero decir es que toda la enseñanza del Bushidō estaba tan impregnada del espíritu de abnegación que no solamente este era exigido a la mujer, sino también al hombre. Por lo tanto, hasta que no se elimine la influencia de sus preceptos por completo, nuestra sociedad no hará realidad la opinión dicha de manera precipitada por un exponente estadounidense de los derechos de la mujer: "¡Que todas las hijas de Japón se rebelen contra las antiguas costumbres!". ¿Tendrá éxito esa revuelta? ¿Mejorarán las condiciones de la mujer? ¿Compensarán los derechos que obtengan, mediante un proceso tan sumario, la pérdida de esa dulzura de carácter? ¿Esa gentileza de maneras que es su actual herencia? ¿No fue la pérdida de la domesticidad por parte de las matronas romanas seguida de una corrupción moral tan grande como para mencionarla? ¿Puede este reformador americano ase-gurarnos que una revuelta de nuestras hijas es el verdadero curso que debe tomar su desarrollo histórico? Son pregun-tas importantes. ¡Los cambios deben venir y vendrán sin revueltas! Mientras tanto, veamos si el estatus de este sexo, bajo el régimen Bushidō, era realmente tan malo como para justificar una revolución.

Mucho escuchamos hablar del respeto que los caballe-ros europeos profesaban a "Dios y a las damas". La incon-gruencia entre ambos objetos sonrojaba a Edward Gibbon. Henry Hallam también nos decía que la moral de la caba-llería era ruda, que la galantería implicaba amor ilícito. El efecto de la caballería en la vena más débil era motivo de reflexión para los filósofos, ya que François Guizot soste-nía que el feudalismo y la caballería ejercían influencias saludables, mientras que Spencer señalaba que en una so-ciedad militar —¿y qué es la sociedad feudal sino mili-tante?— la posición de la mujer era necesariamente baja, mejorando solamente a medida que la sociedad se volvía más industrial. Ahora bien, ¿es cierta la teoría de Guizot o de Herbert Spencer en Japón? En respuesta, puedo decir que ambas tienen razón. La clase militar en Japón estaba restringida a los samuráis, compuesta por cerca de dos mi-llones de almas. Por encima de ellos estaban los nobles militares, los *daimyō* y *los kugé*[112]. Estos últimos eran no-bles de la corte, superiores y sibaritas, que solo eran com-batientes de nombre. Por debajo de ellos había masas de gente común —mecánicos, comerciantes y campesinos—, cuya vida estaba dedicada a las artes de la paz. Así las cosas,

---

112   Aristócratas superiores y sibaríticos que solamente eran guerre-ros nominalmente.

lo que Spencer denomina "características de una sociedad de tipo militante" se limitaba única y exclusivamente a la clase samurái, mientras que las del tipo industrial eran aplicables a clases superiores e inferiores a ella. Esto está bien ilustrado por la posición de la mujer, pues en ninguna clase experimentó menos libertad que entre los samuráis. Por extraño que parezca, cuanto más baja era la clase social —por ejemplo, entre los pequeños artesanos—, más igualitaria era la posición del marido y la mujer. En la alta nobleza, la diferencia en la relación entre ambos sexos era menos marcada, principalmente porque había pocas ocasiones para poner de relieve las diferencias, ya que el noble ocioso literalmente se había vuelto afeminado. La sentencia de Spencer entonces se ejemplifica plenamente en el viejo Japón. En cuanto a Guizot, quienes hayan leído su presentación sobre una comunidad feudal recordarán que tuvo especialmente en cuenta a la alta nobleza, de modo que su generalización se aplica al *daimyō* y al *kugé*.

Cometería una grave falta a la verdad histórica si mis palabras dieran una opinión muy pobre del estado de la mujer bajo el Bushidō. No dudo en indicar que no la trataron igual como al hombre, pero hasta que no aprendamos a discriminar entre las diferencias y las desigualdades, siempre tendremos malentendidos sobre este tema.

Por ejemplo, cuando pensamos en los pocos aspectos que los hombres tienen en común entre sí, ante los tribunales de justicia o en las urnas, parece vano preocuparse por una discusión sobre la igualdad de los sexos. Cuando la Declaración de Independencia de los Estados Unidos señaló que todos los hombres habían sido creados iguales, no se refería a sus dotes mentales o físicos. Simplemente repetía lo que Ulpiano había anunciado hacía mucho tiempo, con respecto a que todos los hombres son iguales ante la ley. Los derechos legales eran, en este caso, la vara con la que se medía la igualdad. Si la ley fuera la única escala para medir el lugar de la mujer en una comunidad, sería tan fácil decir en qué lugar se ubica como dar su peso. Pero la cuestión es la siguiente: ¿existe un patrón lo suficientemente correcto como para comparar la posición social de los sexos? ¿Es correcto y es suficiente comparar la posición de la mujer con la del hombre como se hace con el valor de la plata y del oro, es decir, dando la proporción numéricamente? Ese método de cálculo excluye de la consideración el tipo de valor más importante que posee un ser humano: el intrínseco. En vista de la enorme variedad de requisitos necesarios para que cada sexo cumpla su misión terrenal, la norma que se adopte para medir su posición relativa debe ser de carácter compuesto o, tomando prestado del lenguaje económico, debe ser una norma múltiple. El Bushidō tenía su propia norma y era binomial. Intentaba medir el valor de la mujer en el campo de batalla y en el hogar. Allá contaba muy poco y acá todo. El trato que se le daba correspondía a esta doble medida, en la que no valía mucho como unidad político-social, mientras que como esposa y madre recibía el mayor respeto y el más profundo afecto. ¿Por qué en una nación tan militar como la romana las matronas eran tan veneradas? ¿No sería porque eran madres? No era como sus combatientes o legisladoras, sino como sus madres, que los hombres se arrodillaban ante ellas. Lo mismo ocurre con nosotros. Mientras los padres y los maridos estaban ausentes en el campo de batalla, la gobernanza del hogar quedaba enteramente en manos de las madres y las esposas. A ellas se confiaba la educación de los jóvenes e incluso su defensa. Los ejercicios bélicos de las mujeres, de los que he hablado, tenían como principal objetivo capacitarlas para dirigir inteligentemente la educación de sus hijos.

He notado una idea un tanto superficial que prevalece entre los extranjeros medianamente informados. Esta es que, debido a que la expresión japonesa común para esposa es "mi esposa rústica" y similares, esta es desdeñada y poco estimada. ¿Cuándo se dicen frases tales como "mi tonto padre", "mi cerdo hijo", "mi torpe persona", entre otras, no es bastante clara la respuesta?

A mí me parece que nuestra noción de la unión conyugal va, en cierto modo, más allá de la cristiana. De eso de que "el hombre y la mujer son una sola carne". El individualismo del anglosajón no puede desprenderse de la idea de que el marido y la mujer son dos personas. De allí que cuando no estén de acuerdo, se reconozcan sus derechos por separado; y que cuando estén de acuerdo, agoten su vocabulario en toda clase de apodos estúpidos y halagos sin sentido. Suena altamente irracional a nuestros oídos cuando un marido o una mujer hablan a un tercero de su otra mitad, para mejor o peor, como si fuera encantadora, brillante, amable y otras cosas por el estilo. ¿Es de buen gusto hablar de uno mismo como "brillante", "de encantadora disposición", entre otros? Nosotros pensamos que alabar a la propia esposa o al propio marido es alabar parte de uno mismo. Y el autoelogio se considera, como mínimo, de mal gusto entre nosotros y espero que también entre las naciones cristianas. He divagado bastante porque rebajar a la esposa estaba muy en boga entre los samuráis.

Las razas teutónicas comenzaron su vida con un temor supersticioso hacia el sexo femenino —¡aunque esto ya está desapareciendo en Alemania!— y los americanos dieron inicio a su vida social bajo la dolorosa conciencia de la insuficiencia numérica de las mujeres[113] —que ahora están en aumento y, me temo, perdiendo rápidamente el prestigio del que gozaron sus madres coloniales—. En la civilización occidental, el respeto que el hombre paga a la mujer se ha convertido en la principal norma de moralidad. Pero en la ética marcial del Bushidō, la principal división de aguas entre lo bueno y lo malo se buscaba en otra parte. Se localizaba a lo largo de la línea del deber que unía al hombre con su propia alma divina y luego con otras almas, en las cinco relaciones que he mencionado en la primera parte de este texto. De ellas hemos explicado la lealtad, que se refiere a la relación entre dos hombres, vasallo y señor. Al resto solamente me he referido casualmente, según se presentara la ocasión, porque no eran peculiares del Bushidō. Al tener su base en afectos naturales, no podían sino ser comunes a toda la humanidad, aunque algunas pudieran haber sido particularmente acentuadas por las condiciones que creaba la enseñanza del Bushidō. Con respecto a este punto, me viene a la mente la peculiar fuerza y ternura de la amistad entre dos hombres, que a menudo añadía al vínculo de hermandad un apego romántico, sin duda intensificado por la separación de los sexos en la juventud. Una separación que negaba al afecto el cauce natural que se abría en este respecto en la caballería occidental o en el

113   Nota del autor: Me refiero a aquellos tiempos en que se importaban jóvenes de Inglaterra y eran entregadas en matrimonio a cambio de cierta cantidad de tabaco u otros productos.

libre trato de las tierras anglosajonas. Podría llenar páginas con versiones japonesas de la historia de Damón y Fintias o de Aquiles y Patroclo. O contar, en lenguaje Bushidō, lazos tan simpáticos como los que unían a David y Jonatán.

No es sorprendente, sin embargo, que esas virtudes y enseñanzas únicas en los preceptos de la caballería no siguieran circunscritas a la clase militar. Esto hace que aceleremos considerar la influencia del Bushidō a lo largo del país.

Capítulo XV
La influencia del Bushidō

Hemos presentado solamente algunas de las cumbres de la gama de virtudes caballerescas, en sí mismas mucho más elevadas que el nivel de nuestra vida nacional. De la misma forma en que el sol, cuando sale, tiñe primero las cumbres más altas de un tono rojizo, para luego proyectar gradualmente sus rayos sobre el valle; así el sistema ético que iluminó el orden militar por primera vez atrajo, con el tiempo, seguidores de entre las masas. La democracia gesta un príncipe natural para su líder y la aristocracia infunde un espíritu principesco en el pueblo. Las virtudes no son menos contagiosas que los vicios. "No se necesita más que un sabio en una compañía para que todos sean sabios. Tan rápido es el contagio", dice Emerson. Ninguna clase social o casta puede resistirse al extenso poder de la influencia moral.

Por mucho que se hable de la marcha triunfal de la libertad anglosajona, rara vez esta recibió impulso desde las masas. ¿No fue más bien obra de escuderos y caballeros? Muy acertadamente dice Hippolyte Taine: "Estas tres sílabas (*gen-tle-men*), tal como se usan al otro lado del canal, resumen la historia de la sociedad inglesa". La democracia puede replicar con autosuficiencia a tal afirmación y lanzar de nuevo la pregunta: "Cuando Adán cavaba y Eva hilaba, ¿dónde estaba entonces el caballero?". Es una lástima que no hubiera caballeros en el Edén. Los primeros padres los echaron mucho de menos y pagaron un alto precio por su ausencia. Si hubieran estado allí, no solamente el jardín habría estado vestido con más gusto. Habrían aprendido también, sin experiencias dolorosas de por medio, que la desobediencia a Jehová era deslealtad, deshonor, traición y rebelión.

Lo que Japón era se lo debía a los samuráis. No eran únicamente la flor de la nación, sino también su raíz. Todos los dones del cielo fluían por medio de ellos. Aunque se mantenían socialmente alejados de la población, establecieron un estándar moral para ella y la guiaron con su ejemplo. Debo admitir que el Bushidō tenía sus enseñanzas esotéricas y exotéricas. Las últimas eran eudemonistas y velaban por el bienestar y la felicidad de la plebe; mientras que las primeras eran arcaicas y tenían su énfasis en la práctica de las virtudes por sí mismas.

En los días más caballerescos de Europa, los caballeros no era más que una pequeña fracción de la población, pero como dice Emerson: "En la literatura inglesa, la mitad de los dramas y todas las novelas, desde Sir Philip Sidney hasta Sir Walter Scott, pintan la figura del caballero". Escriba en lugar de Sidney y Scott, Chikamatsu Monzaemon[114] y Takizawa Bakin, y tendrá en una cáscara de nuez las características principales de la historia literaria de Japón.

Las innumerables formas de diversión e instrucción popular —teatros, casetas de cuentacuentos, estrados de

---

114   1653-1724. Dramaturgo y autor de unas 100 obras de teatro. Llegó a ser calificado como "el Shakespeare japonés".

predicadores, recitaciones musicales y novelas— han tomado como tema principal las historias de los samuráis. Los campesinos, rodeando el fuego de sus chozas, no se cansan nunca de repetir las hazañas de Minamoto Yoshitsune y su fiel criado, Benkei[115]; o de los dos valientes hermanos Soga[116]. Los niños escuchan con la boca abierta hasta que se consume el último palo y el fuego se apaga en sus brasas, dejándolos con los corazones encendidos por la historia contada. Los empleados de las tiendas, una vez terminada su jornada de trabajo y que los *amado*[117] de los locales están cerrados, se reúnen para relatar la historia de Nobunaga y Hideyoshi hasta bien entrada la noche, hasta que el sueño se apodera de sus cansados ojos y los transporta de la monotonía del mostrador a las proezas del campo. A los bebés que empiezan a andar se les enseña a susurrar las aventuras de Momotaro[118], el audaz conquistador del país de los ogros. Incluso las niñas están tan lle-

---

115   Durante las Guerra Genpei, el bien entrenado príncipe Yoshitsune se encontró con el monje guerrero Benkei, quien le impidió el paso a través del puente que había tomado en posesión. Esto provocó un combate de horas, tras el cual Benkei decidió seguir al príncipe como su sirviente, admirando su fuerza y destreza. Las aventuras de este dúo constituyen un tema favorito en la literatura juvenil japonesa.

116   La historia de Soga, Juro y Goro data del siglo XII y es una de venganza, en la que los aún adolescentes hermanos se enfrentan al asesino de su padre, en un acto que les cuesta la vida. Esta gesta, ocurrida en la vida real, los convirtió en héroes del *kabuki*.

117   Nota del autor: Persianas exteriores.

118   Según la leyenda, Momotaro fue encontrado por una pareja de ancianos en el interior de un melocotón. Cuando creció y se convirtió en un joven fuerte, se enfrentó junto a un perro, un mono y un faisán a unos tiránicos ogros que gobernaban una isla, logrando vencerlos, liberar a dos princesas cautivas y llevarse el tesoro acumulado en robos.

nas del amor por las hazañas y virtudes caballerescas que, como Desdémona, se inclinan seriamente a devorar con oído ávido los romances de los samuráis.

El samurái vino a ser el *beau ideal*[119] de la raza entera. "Como entre las flores el cerezo es la reina, así entre los hombres el samurái es el señor", se cantaba entre los japoneses. Excluida de participar en actividades comerciales, la clase militar en sí misma no ayudó al comercio. Pero no había canal de la actividad humana ni avenida del pensamiento que no recibiera, en cierta medida, un ímpetu del Bushidō. El Japón intelectual y moral era directa o indirectamente resultado de la caballería.

El señor William Hurrell Mallock, en el sumamente sugestivo libro "Aristocracy and Evolution", nos dice elocuentemente que "la evolución social, en la medida en que no es biológica, puede definirse como el resultado imprevisto de las intenciones de los grandes hombres". Además, que el progreso histórico se produce por una lucha "no entre la comunidad en general, para vivir; sino entre un pequeño sector de la comunidad, para conducir, dirigir y emplear a la mayoría de la mejor manera posible". Independientemente de lo que pueda decirse sobre la solidez de su argumento, estas afirmaciones se verifican ampliamente en el papel desempeñado por el *bushi* en el progreso social, hasta donde logró llegar, de nuestro imperio.

De qué manera el espíritu del Bushidō impregnó todas las clases sociales es algo que también queda demostrado en el desarrollo de cierto orden de hombres conocidos como *otoko-daté*, quienes fueron los líderes naturales de la democracia. Eran tipos robustos, cada centímetro de ellos

119   Del francés, "buen ideal".

dotado de la fuerza de la hombría maciza. A la vez portavoces y guardianes de los derechos populares, contaban con cientos y miles de seguidores que ofrecían, del mismo modo que los samuráis a los *daimyō*, el servicio voluntario de "extremidades, vida, cuerpo, propiedades y honor terrenal". Respaldados por una vasta multitud de trabajadores temerarios e impetuosos, estos "jefes" natos daban un formidable freno al desenfreno de las dos espadas.

El Bushidō ha permeado de múltiples maneras desde la clase social en la que se originó y ha actuado como levadura entre las masas, proporcionando un estándar moral para el pueblo entero. Los preceptos de la caballería, en un principio considerados la gloria de la élite, con el tiempo se convirtieron en una aspiración e inspiración para la nación en general. Y a pesar de que el país no pudo alcanzar la altura moral de aquellas almas más elevadas, *yamato damashii*, el alma de Japón, llegó a expresar el *volksgeist*[120] del reino insular. Si la religión no es más que "la moral tocada por la emoción", como la define Matthew Arnold, pocos sistemas éticos tienen más derecho a llamarse religión que el Bushidō. Motoori Norinaga[121] ha puesto en palabras la muda expresión de la nación al cantar:

¡Islas del bendito Japón!
Si su espíritu yamato
extraños buscan escudriñar,
perfumando aire iluminado por el sol mañanero,
¡Sopla el cerezo salvaje y bueno!

---

120   Del alemán, "espíritu del pueblo".
121   Poeta, pensador y filólogo. Nació y vivió entre 1730 y 1801.

Sí, el *sakura*[122] ha sido por mucho tiempo nuestro favorito y el emblema de nuestro carácter. Especialmente en los términos que el poeta utiliza para su definición: "la flor salvaje del cerezo perfumando el sol mañanero".

El espíritu *yamato* no es una planta mansa y tierna, sino una planta silvestre, debido a su crecimiento natural. Es autóctona de nuestra tierra y puede que comparta sus cualidades con las flores de otros lugares, pero en su esencia sigue siendo el retoño original y espontáneo del clima japonés. Sin embargo, su origen no es lo único que la hace merecedora de afecto. El refinamiento y la gracia de su belleza atraen nuestro sentido estético como ninguna otra flor. Y no podemos compartir la admiración de los europeos por sus rosas, que carecen de la sencillez de nuestra flor. Además, las espinas que oculta la dulzura de la rosa, la tenacidad con que esta se aferra a la vida, como si tuviera miedo de morir antes que caer prematuramente, prefiriendo pudrirse en su tallo; sus colores llamativos y olores pesados. Son todos rasgos tan diferentes de nuestra flor, que no esconde daga o veneno tras su belleza, que está siempre dispuesta a dejar la vida si escucha el llamado de la naturaleza, cuyos colores nunca son magníficos y fragancia ligera jamás empalaga. La belleza de su color y forma es limitada en su manifestación y una cualidad fija de la existencia; mientras que su fragancia es volátil, etérea como la respiración de la vida. Por eso, en todas las ceremonias religiosas, el incienso y la mirra desempeñan un papel tan destacado. Hay algo espiritual en el olor. Pocas sensaciones son más serenamente estimulantes que inhalar, por así decirlo, el aliento mismo del hermoso día, cuando el

---

122 Nota del autor: *Cerasus pseudo-cerasus*, John Lindley.

delicioso perfume del *sakura* anima el aire matutino a medida que el sol se eleva, iluminando primero las islas del Extremo Oriente.

Cuando el mismo Creador es representado tomando nuevas resoluciones en su corazón al oler un dulce aroma (Génesis VIII, 21), ¿es de extrañar que la estación de la flor del cerezo llame a toda la nación a salir de sus casas? No hay que culparlos si por un tiempo sus miembros olvidan el trabajo y las penas; y sus corazones, los dolores y las penas. Terminado su breve placer, vuelven a sus tareas diarias con nuevas fuerzas y resoluciones. Así, en más de un sentido, *sakura* es la flor de la nación.

¿Es entonces esta flor, así de dulce y efímera, soplada por dondequiera que sople el viento y, derramando una bocanada de perfume, lista para desvanecerse para siempre, la del espíritu *yamato*? ¿Es el alma de Japón tan mortalmente frágil? ¿O es que la civilización occidental, en su marcha a través de la tierra, ya ha borrado todo rastro de su antigua disciplina?

Capítulo XVI
¿Aún vive el Bushidō?

Es triste que el alma de una nación muera tan rápido. Pobre de aquella que sucumba tan fácilmente a influencias externas. El conjunto de elementos psicológicos que constituyen el carácter de un pueblo es tan tenaz como los "elementos irreductibles de las especies, de las aletas del pez, del pico del pájaro, del diente del animal carnívoro". En su reciente libro, lleno de superficiales aseveraciones y brillantes generalizaciones, Gustave Le Bon[123] dice lo que sigue: "Los descubrimientos que ocurren gracias a la inteligencia son el patrimonio común de la humanidad; mientras que las cualidades o defectos de carácter constituyen el patrimonio exclusivo de cada pueblo. Son la roca firme que las aguas deben lavar día tras día, durante siglos, antes de que incluso puedan desgastar sus asperezas externas". Son palabras fuertes y sobre las que merecería mucho la pena hacer una reflexión, siempre que hubiera cualidades y defectos de carácter que constituyeran el patrimonio exclusivo de cada pueblo. Teorías de este tipo, que esquematizan, habían sido planteadas mucho antes de que Le Bon comenzara a escribir su libro, por Theodor Waitz y Hugh Murray. Estudiando las diversas virtudes inculcadas por el Bushidō, recurrimos a fuentes europeas para comparar e

123   Nota del autor: "The Psychology of Peoples", pág. 33.

ilustrar y vemos que ninguna cualidad de carácter era su patrimonio exclusivo. Es cierto que el conjunto de cualidades morales tiene un aspecto bastante singular. Es este agregado el que Emerson denomina un "resultado compuesto donde toda gran fuerza entra como ingrediente". Pero en vez de hacer de él un patrimonio exclusivo de una raza o de un pueblo como LeBon, el filósofo de Concord lo llama "un elemento que une a las personas más esforzadas de cada país, haciéndolas inteligibles y agradables unas a otras; algo tan preciso que se siente en seguida si un individuo carece del signo masónico".

No podemos decir que el carácter que el Bushidō imprimió a nuestra nación y, en particular, a los samuráis constituya "un elemento irreductible de la especie", pero no cabe duda de la vitalidad que aún conserva entre nosotros. Si el Bushidō fuera una mera fuerza física, el impulso que ha adquirido en los últimos setecientos años no podría parar tan bruscamente. Si solamente se transmitiera por herencia, su influencia estaría largamente extendida. Pensemos en lo que ha calculado Emile Cheysson, un economista francés, quien dice que suponiendo que haya tres generaciones en un siglo, "cada uno de nosotros tendría en sus venas la sangre de al menos veinte millones de personas que vivían en el año 1000 d. C.". El más simple campesino que escarba la tierra, "encorvado por el peso de los siglos", tiene en sus venas la sangre de épocas y es, por lo tanto, tan hermano nuestro como "del buey".

Poder inconsciente e irresistible, el Bushidō ha estado moviendo a la nación y los individuos. Fue una confesión honesta de la raza cuando Yoshida Shôin[124], uno de los

---

124 Estratega militar (1830-1859).

pioneros más brillantes del Japón moderno, escribió la siguiente estrofa en la víspera de su ejecución:

Muy bien sabía que este camino debía terminar en la
*   muerte.*
Fue el espíritu yamato el que me impulsó
a atreverme a lo que fuera.

Sin formularlo, el Bushidō era y sigue siendo el espíritu animado, la fuerza motora de nuestro país.

El señor James Stafford Ransome dice que "hoy en día coexisten tres Japones distintos: el antiguo, que no se ha extinguido completamente; el nuevo, que apenas ha nacido, excepto en espíritu; y el de transición, que ahora atraviesa sus momentos más críticos". Aunque lo anterior es muy cierto en la mayoría de los aspectos y, en particular, en lo que se refiere a las instituciones tangibles y concretas, esta afirmación, aplicada a las nociones éticas fundamentales, requiere de una modificación. Porque el Bushidō, creador y producto del viejo Japón, sigue siendo el principio que rige la transición y demostrará ser la fuerza formativa de la nueva era.

Los grandes estadistas[125] que condujeron el barco de nuestra nación a través del huracán de la restauración y el torbellino del rejuvenecimiento nacional, eran hombres que no conocían otra enseñanza moral que los preceptos de la caballería. Recientemente, algunos escritores han intentado demostrar que los misioneros cristianos con-

---

125   Nota del autor: Robert Elliott Speer, "Missions and Politics in Asia", Conferencia IV, págs. 189-192; James Shepard Denis, "Christian Missions and Social Progress", vol. I, pág. 32, vol. II, pág. 70, etc.

tribuyeron en una destacable proporción a la formación del nuevo Japón. Me gusta rendir honor a quien honor merece, pero este honor difícilmente puede ser concedido a los buenos misioneros. Sería más apropiado para su profesión atenerse al mandato bíblico de preferirse los unos a los otros en el honor, que reclamar algo de lo que no tienen pruebas. En lo que a mí se refiere, creo que los misioneros cristianos están haciendo grandes cosas por Japón en el área de la educación y, especialmente, de la educación moral. Es solo que la misteriosa —aunque no por ello menos cierta— obra del espíritu permanece oculta en el secreto divino. Hagan lo que hagan, sigue teniendo un efecto indirecto. No, hasta el momento las misiones cristianas han tenido un efecto poco visible en moldear el carácter del nuevo Japón. No, fue el Bushidō, puro y simple, lo que nos impulsó para bien o para mal. Abran las biografías de los creadores del Japón moderno —de Sakuma, Saigo, Okubo y Kido, por no mencionar las reminiscencias de hombres vivos como Ito, Okuma, Itagaki, entre otros[126]— y descubrirán que pensaron y obraron bajo el impulso de los samuráis. Cuando Sir Henry Norman declaró, tras su estudio y observación del Extremo Oriente[127], que el único aspecto en el que Japón se diferenciaba de otros despotismos orientales estaba en "la influencia dominante de los códigos de honor más estrictos, elevados y meticulosos que el hombre haya concebido jamás", tocó el principal punto que ha hecho del nuevo Japón lo que es y que lo hará aquello que está destinado a ser.

---

126 Se refiere a varios de los más importantes políticos responsables de la Restauración Meiji de 1868, en su mayoría de origen samurái.
127 Nota del autor: "The Far East", pág. 375.

La transformación de Japón es un hecho patente para todo el mundo. Siendo una obra de tal magnitud, naturalmente entran varios motivos, pero si uno tuviera que nombrar el más importante, no dudaría en hablar del Bushidō. Cuando abrimos el país entero al comercio exterior, introdujimos las últimas mejoras en distintos aspectos de la vida, comenzamos a estudiar la política y las ciencias occidentales. En todos esos momentos, lo que nos guio no fue el desarrollo de nuestros recursos físicos y el aumento de la riqueza. Mucho menos lo hizo una imitación ciega de las costumbres occidentales. Un atento observador de las instituciones y los pueblos orientales escribió: "Todos los días se nos cuenta cómo Europa ha influido en Japón y olvidamos que el cambio en esas islas fue totalmente autogenerado. Que los europeos no enseñaron a Japón, sino que Japón eligió por sí mismo aprender de Europa métodos de organización, tanto civil como militar, que hasta ahora han dado buenos resultados. Importó la ciencia mecánica europea, como años antes los turcos importaron la artillería europea. Eso no es exactamente influencia —continúa Meredith Townsend— a menos que, de hecho, Inglaterra esté influenciada por comprar té a China. ¿Dónde está el apóstol europeo? —pregunta nuestro autor— o el filósofo o el estadista o el agitador que ha rehecho Japón?"[128]. El señor Townsend ha percibido bien que el resorte de la acción que produjo los cambios en Japón estaba, enteramente, dentro de nosotros mismos. Y si él hubiera sondeado en nuestra psicología, sus agudos poderes de observación le habrían convencido fácilmente de que ese resorte no era otro más que el Bushidō. El sentido del honor, que no

---

128   Nota del autor: "Asia and Europe", Nueva York, 1900, pág. 28.

soporta ser menospreciado como un poder inferior, era el más fuerte de los motivos. Las consideraciones económicas o industriales se despertaron más tarde, durante el proceso de transformación.

La influencia del Bushidō sigue siendo tan palpable que el que corre puede leerla. Un vistazo a la vida japonesa lo dejará de manifiesto. Lean a Lafcadio Hearn, el intérprete más elocuente y veraz de la mente japonesa, y verán que el funcionamiento de esa mente es un ejemplo del funcionamiento del Bushidō. La cortesía generalizada del pueblo, que es legado de las costumbres caballerescas, es demasiado conocida como para repetirse de nuevo. La resistencia física, fortaleza y valentía que posee "el pequeño japonés" quedaron suficientemente demostradas en la guerra chino-japonesa[129]. "¿Hay alguna nación más leal y patriótica?", es una pregunta que muchos se hacen; y por la orgullosa respuesta, "no la hay", es que debemos dar las gracias a los preceptos de la caballería.

Por otro lado, es justo reconocer que el Bushidō es en gran parte responsable de las propias faltas y defectos de nuestro carácter. Nuestra falta de una filosofía compleja —mientras que algunos de nuestros jóvenes ya han ganado reputación internacional en investigación científica, ninguno ha logrado nada en esta área— es atribuible al descuido de la formación metafísica bajo el régimen educativo del Bushidō. Nuestro sentido del honor es responsable de la exagerada sensibilidad y susceptibilidad que poseemos. Y si existe en nosotros el engreimiento del que

---

129   Nota del autor: Entre otras obras sobre este tema, recomiendo leer de F. Warrington Eastlake y Yamada Yoshiaki, "Heroic Japan"; y de Arthur Diósy, "The New Far East".

nos acusan algunos extranjeros, es también un resultado patológico del honor.

¿Han visto ustedes, en su recorrido por Japón, muchos como un joven con el pelo desaliñado, vestido con ropas raídas, llevando en la mano un gran bastón o un libro, mientras pasea por las calles con un aire de absoluta indiferencia hacia las cosas mundanas? Es el *shosei*[130], para quien la tierra es demasiado pequeña y los cielos no lo bastante altos. Tiene sus propias teorías sobre el universo y la vida. Habita en castillos de aire y se alimenta de palabras de sabiduría etéreas. En sus ojos brilla el fuego de la ambición y su mente está sedienta de conocimiento. La penuria no es más que un estímulo que le impulsa a seguir adelante y los bienes terrenales son, a sus ojos, cadenas para su carácter. Es el depositario de la lealtad y el patriotismo. Es el guardián autoproclamado del honor nacional. Con todas sus virtudes y sus defectos, es el último fragmento del Bushidō.

Por muy arraigado y poderoso que siga siendo el efecto del Bushidō, ya he dicho que se trata de una influencia inconsciente y silenciosa. El corazón del pueblo responde, sin saber por qué, a cualquier apelación que se haga a su herencia. De ahí que la misma idea moral expresada en un término recién traducido y en uno antiguo, del Bushidō, tenga una eficacia enormemente diferente. Un cristiano reincidente, a quien ninguna persuasión pastoral podía ayudar a salir de su tendencia decadente, fue desviado de su curso por una apelación hecha a su lealtad; la fidelidad que alguna vez juró a su maestro. La palabra "lealtad" reavivó todos los nobles sentimientos que había dejado en-

---

130   Estudiante.

tibiar. Un grupo de jóvenes revoltosos, que habían sido parte de una prolongada "huelga de estudiantes" en una universidad debido a su insatisfacción con cierto profesor, se disolvieron ante dos simples preguntas formuladas por el director: "¿Es su profesor un personaje intachable? Si es así, entonces deben respetarlo y mantenerlo en la escuela. ¿Es débil? Si es así, no es de hombres empujar a otro que se cae". La incapacidad científica del profesor, que fue el comienzo del problema, se redujo hasta la insignificancia ante las cuestiones morales insinuadas. Despertando los sentimientos alimentados por el Bushidō, puede lograrse una gran renovación moral.

Una de las causas del fracaso de la labor misionera es que la mayoría de sus enviados desconocen nuestra historia por completo. "¿Qué nos importan los historiales paganos?", dicen algunos, consecuentemente alejando su religión de los hábitos de pensamiento a los que nosotros y nuestros antepasados nos hemos acostumbrado durante siglos. ¡Burlarse de la historia de una nación! Como si la trayectoria de cualquier pueblo, incluso de los más bajos salvajes africanos sin ningún registro, no fuera una página en la historia general de la humanidad, escrita por la misma mano de Dios. Las mismas razas perdidas son un palimpsesto a descifrar por el ojo. Para una mente filosófica y piadosa, son marcas de la escritura divina, claramente trazadas en blanco y negro como en la piel. Y si este símil es válido, ¡la raza amarilla forma una página preciosa inscrita en jeroglíficos de oro! Ignorando la trayectoria pasada de un pueblo, los misioneros afirman que el cristianismo es una religión nueva; mientras que, en mi opinión, es una "vieja, vieja historia" que, si se presenta en palabras inteligibles, es decir, si se expresa en el vocabulario familiar para el desarrollo moral de un pueblo, encontrará fácil acomodo en sus corazones, independientemente de su raza o nacionalidad. El cristianismo en su forma americana o inglesa —con más caprichos y fantasías anglosajonas que la gracia y pureza de su fundador— es un pobre vástago para injertar en el tronco del Bushidō. ¿Deberían los propagadores de esta nueva fe arrancar todo el tronco, con sus raíces y ramas, y plantar las semillas del Evangelio en el suelo devastado? Un proceso tan heroico puede ser posible en Hawái, donde se afirma que la iglesia militante tuvo un éxito absoluto acumulando el botín de riquezas y aniquilando la raza aborigen. Pero en Japón es decididamente imposible. Es más, es un proceso que el propio Jesús nunca habría seguido para fundar su reino en la tierra. Nos incumbe tomar más a pecho las siguientes palabras de un hombre santo, cristiano devoto y erudito profundo: "Los hombres han dividido el mundo en paganos y cristianos, sin considerar cuánto bien puede haber oculto en uno o cuánto mal puede haberse mezclado con el otro. Han comparado lo mejor de sí mismos con lo peor de sus vecinos, el ideal del cristianismo con la corrupción de Grecia o de Oriente. No han aspirado a la imparcialidad, sino que se han contentado con acumular todo lo que podría decirse en alabanza de su religión y en desprecio de otras"[131].

Pero sea cual sea el error cometido por los individuos, no cabe duda de que el principio fundamental de la religión que profesan es un poder que debemos tener en

---

131 Nota del autor: Benjamin Jowett, "Sermons on Faith and Doctrine", II.

cuenta a la hora de calcular el futuro del Bushidō, cuyos días ya parecen estar contados. Hay señales ominosas en el aire que anuncian su futuro. Y no son solamente signos, sino también fuerzas temibles las que lo amenazan.

Capítulo XVII
El futuro del Bushidō

Pocas comparaciones históricas se pueden hacer con mayor criterio que aquellas que vinculan a la caballería de Europa con el Bushidō de Japón. Y si la historia se repite, ciertamente hará con el destino del último lo que hizo con el de la primera. Por supuesto que las causas particulares y locales del descenso de la caballería que menciona Jean Baptiste de la Curne de Sainte-Pelaye tienen poca aplicación a las condiciones japonesas, pero las causas más amplias y generales que ayudaron a socavar la caballería durante y después de la Edad Media aplican con seguridad a la decadencia del Bushidō.

Una diferencia importante entre la experiencia de Europa y la de Japón es la que sigue: en la primera, cuando la caballería fue separada del feudalismo y adoptada por la iglesia, obtuvo un nuevo aliento de vida; mientras que en Japón ninguna religión fue lo suficientemente grande como para acogerla. Por lo tanto, cuando desapareció la institución madre, es decir el feudalismo, el Bushidō quedó huérfano y tuvo que arreglárselas por sí mismo. La elaborada organización militar que tenemos hoy podría ampararlo, pero la guerra moderna puede ofrecer poco espacio para que siga creciendo. El sintoísmo, que lo alimentó durante su infancia, ya está superado. Los viejos sabios de la antigua China están siendo suplantados por intelectuales como Jeremy Bentham y John Stuart Mill. Se han inventado y propuesto teorías morales cómodas y halagadoras para las tendencias chovinistas de la época y, por lo tanto, bien adaptadas a las necesidades de nuestros días. Pero hasta ahora solamente oímos sus estridentes voces resonando a través de las columnas de la prensa amarillista.

Los principados y las potencias se alzan contra los preceptos de la caballería. Como dice Thorstein Veblen, "la decadencia del código ceremonial —o, dicho de otro modo, la vulgarización de la vida— entre las clases industriales propiamente dichas, se ha convertido en una de las principales enormidades de la civilización de los últimos tiempos, a los ojos de todas las personas con delicada sensibilidad". La irresistible marea de la democracia triunfante, que no puede tolerar ninguna forma de confianza —y el Bushidō era una confianza organizada por aquellos que monopolizaban el capital del intelecto y la cultura, fijando los grados y el valor de las cualidades morales—, es lo suficientemente poderosa como para devorar los restos del Bushidō. Las actuales fuerzas societarias son antagónicas al espíritu de clase mezquino. Y la caballería es, como critica con severidad Edward Augustus Freeman, un espíritu de clase. La sociedad moderna, si pretende encarnar alguna unidad, no puede admitir "obligaciones puramente personales basadas en intereses exclusivos de una casta"[132]. Añadamos a esto el progreso de la instrucción popular, las artes, los hábitos industriales, la riqueza y la vida en la ciudad. Entonces, fácilmente, podremos ver que ni los

132   Nota del autor: "Norman Conquest", vol. V, pág. 482.

cortes más entusiastas de la espada del samurái ni las flechas más afiladas disparadas desde los arcos más audaces del Bushidō pueden servir de nada. El Estado construido sobre la piedra del honor y fortificado por este mismo —¿lo llamaremos *ehrenstaat*[133] o, a la manera de Thomas Carlyle, heroarquía[134]?— está rápidamente cayendo en manos de abogados quisquillosos y políticos balbuceantes, armados de máquinas de guerra que cortan la lógica. Las palabras que un gran pensador utilizó al hablar de Teresa y Antígona pueden usarse con acierto para hablar de los samuráis: "El medio en el que sus apasionados actos tomaron forma ha desaparecido para siempre".

¡Pobre de las virtudes caballerescas! ¡Pobre del orgullo de los samuráis! La moral introducida en el mundo con el sonido de cornetas y tambores está destinada a desvanecerse con "la partida de los capitanes y los reyes".

Si la historia algo puede enseñarnos, es que el Estado construido sobre virtudes marciales —ya sea una ciudad como Esparta o un imperio como Roma— nunca podrá hacer sobre la tierra una "ciudad continua". Por muy universal y natural que sea el instinto de lucha en el hombre, por muy fecundo que haya demostrado ser la posesión de sentimientos nobles y virtudes varoniles, esto no abarca a todo el hombre. Bajo el instinto de lucha se esconde un instinto de amor aún más divino. Hemos visto que el sintoísmo, Mencio y Wan Yang Ming han enseñado esto con claridad; pero el Bushidō y todas las demás escuelas militares de ética, sin duda absortas en cuestiones de necesidad práctica inmediata, con demasiada frecuencia ol-

---

133 Del alemán, "estado del honor".
134 Neologismo que puede traducirse como "gobierno de los héroes".

vidaron remarcar este hecho debidamente. La vida se ha hecho más grande en estos últimos tiempos. Llamados más nobles y extensos que los de un guerrero reclaman hoy nuestra atención. Con una visión más amplia de la vida, el crecimiento de la democracia y un mejor conocimiento de otros pueblos y naciones, la idea confuciana de la benevolencia —¿me atrevo acaso a añadir también la idea budista de la piedad?— se expandirá hasta convertirse en la concepción cristiana del amor. Habiendo alcanzado el estatus de ciudadanos, los hombres se han convertido en algo más que súbditos. Es más, son algo más que ciudadanos, siendo hombres.

Aunque las nubes de la guerra se ciernan con pesadez sobre nuestro horizonte, creeremos que las alas del ángel de la paz podrán dispersarlas. La historia del mundo confirma la profecía de que "los mansos heredarán la tierra". ¡Una nación que vende su derecho de nacimiento a la paz y retrocede desde la primera fila del industrialismo hasta el archivo del filibusterismo hace un mal negocio!

Cuando las condiciones de la sociedad han cambiado tanto que no solamente se han vuelto adversas, sino también hostiles hacia el Bushidō, es hora de que este se prepare para un entierro honorable. Pero es tan difícil determinar cuándo muere la caballería como decir el momento exacto de su creación. El doctor George Miller señala que la caballería fue formalmente abolida en el año 1559, cuando Enrique II de Francia fue asesinado durante un torneo. Para nosotros, el edicto que abolió formalmente el feudalismo en 1870[135] fue la señal para tocar la campana del Bushidō.

---

135 Con este edicto, los antiguos feudos fueron sustituidos por distritos administrativos (provincias) gobernadas por funcionarios estata-

Emitido dos años después, este edicto prohibió el uso de espadas y agotó el sonido de "la gracia no comprada de la vida, la defensa barata de las naciones, el cuidado de los sentimientos varoniles y la empresa heroica" e hizo sonar la nueva era de "sofistas, economistas y calculadores".

Se ha dicho que Japón ganó su última guerra con China usando armas Murata y cañones Krupp; que la victoria fue obra de un moderno sistema educativo. Pero estas no son más que medias verdades. ¿Acaso un piano, ya sea de la mejor manufactura de Ehrbar o Steinway, estalla en las rapsodias de Liszt o en las sonatas de Beethoven sin la mano de un maestro? Y si las armas ganan batallas, ¿por qué Luis Napoleón no venció a los prusianos con sus *mitrailleuses*[136] o los españoles hicieron lo propio con sus máusers en contra de los filipinos, cuyas armas no eran mejores que las anticuadas remingtons? No hace falta repetir lo que ya se ha convertido en un dicho de uso popular, con respecto a que es el espíritu el que da vida, sin el cual el mejor de los instrumentos no sirve demasiado. Las armas y los cañones más perfeccionados no disparan por sí mismos; el sistema educativo más moderno no convierte cobardes en héroes. ¡No! Lo que ganó las batallas en el Yalu, Corea y Manchuria fueron los fantasmas de nuestros padres, guiando nuestras manos y latiendo en nuestros corazones. No están muertos esos fantasmas; los espíritus de nuestros belicosos antepasados. Para quienes tienen ojos para ver, son claramente visibles. Irrita a un japonés con las

les; mientras que a los antiguos *daimyo* se les concedió el retiro y una pensión, quedando abolidos sus ejércitos y confiscados sus castillos. Así, se estableció por primera vez la igualdad jurídica entre todos los japoneses.

136   Del francés, "metralletas".

ideas más avanzadas y te mostrará a un samurái. La gran herencia del honor, valor y todas las virtudes marciales es, como muy acertadamente lo expresa el profesor John Adam Cramb, "nuestra en fideicomiso; el feudo inalienable de los muertos y de la generación venidera". Y el llamado del presente es a proteger esta herencia y a no rebajar ni un ápice el antiguo espíritu. El llamado del futuro será a ampliar su alcance para aplicarlo en todos los ámbitos y relaciones de la vida.

Se han hecho predicciones —y estas han sido corroboradas por los sucesos del último medio siglo— de que el sistema moral del Japón feudal, al igual que sus castillos y sus armerías, se desmoronará hasta convertirse en polvo y que a partir de este surgirá una nueva ética cual ave fénix, para guiar al nuevo país en su camino de progreso. Por muy deseable y probable que sea el cumplimiento de tamaña profecía, no debemos olvidar que el ave fénix solamente resurge de sus propias cenizas y que no es un ave de paso ni acostumbrada a volar con alas prestadas por otras aves. "El Reino de Dios está dentro de ustedes", dicen. No viene rodando por las montañas, por muy elevadas que estas sean; no viene navegando por los mares, aunque sean de gran extensión. "Dios ha concedido a cada pueblo —dice el Corán— un profeta en su propia lengua". Las semillas del reino, así como las ha asegurado y aprehendido la mente japonesa, florecieron en el Bushidō. Ahora que sus días se están acabando —triste decirlo, antes de dar frutos plenamente—, nos volvemos en todas direcciones en busca de otras fuentes de dulzura y luz; de fuerza y consuelo. Pero entre ellas no hay todavía nada que ocupe su lugar. La filosofía del beneficio y la pérdida, defendida por los utilitaristas y materialistas, encuentra favor entre los cortadores de lógica que apenas tienen algo de alma. El único otro sistema ético que es lo suficientemente poderoso como para hacer frente al utilitarismo y el materialismo es el cristianismo. Pero en comparación a este, el Bushidō, hay que confesarlo, es como "una mecha tenuemente encendida" que el Mesías fue proclamado no para apagar, sino para avivar hasta convertirla en una llama. Al igual que sus precursores hebreos los profetas —especialmente Isaías, Jeremías, Amós y Habacuc—, Bushidō hizo especial hincapié en la conducta moral de los gobernantes, hombres públicos y naciones, mientras que la ética de Cristo, que trata casi exclusivamente de los individuos y de sus seguidores, encontrará cada vez más aplicación práctica a medida que el individualismo, en tanto factor moral, vaya potenciándose. Si no me equivoco demasiado, la moral de amo dominante y autoafirmativa de Nietzsche, en sí misma afín en algunos aspectos al Bushidō, es una fase pasajera o una reacción temporal contra lo que él denomina, por distorsión mórbida, la humilde y abnegada moral de esclavo del Nazareno.

El cristianismo y el materialismo, incluyendo el utilitarismo —¿o el futuro los reducirá a formas aún más arcaicas de hebraísmo y helenismo?—, dividirán el mundo entre ellos dos. Los sistemas morales inferiores se aliarán en uno u otro bando para su preservación. ¿En qué bando se alistará entonces el Bushidō? Como no tiene ningún dogma o fórmula que defender, puede permitirse desaparecer como entidad, al igual que la flor del cerezo está dispuesta a morir al primer soplo de la brisa matutina. Nunca se extinguirá del todo. ¿Quién puede decir que el estoicismo ha muerto? Está muerto como sistema, pero está vivo como virtud. Su energía y vitalidad todavía se sienten en muchas partes de la vida: en la filosofía de las naciones occidentales y en la jurisprudencia de todo el mundo civilizado. Es más, dondequiera que el hombre luche por elevarse por encima de sí mismo, dondequiera que su espíritu domine su carne con su propio esfuerzo, allí veremos la inmortal disciplina de Zenón en acción.

El Bushidō como código ético independiente puede desaparecer, pero su poder no desaparecerá de la tierra. Sus escuelas de proeza marcial o de honor cívico pueden ser demolidas, pero su luz y su gloria sobrevivirán mucho tiempo a sus ruinas. Igual que su flor simbólica, luego de soplarlo a los cuatro vientos, este seguirá bendiciendo a la humanidad con el perfume que enriquece la vida. Siglos después, cuando sus costumbres hayan sido enterradas y su propio nombre olvidado, sus olores llegarán flotando en el aire como desde una lejana colina invisible, "la mirada más allá del camino". En el hermoso texto del poeta cuáquero John Greenleaf Whittier:

El viajero tiene la sensación agradecida
de la dulzura cercana, no sabe dónde.
Y deteniéndose, toma con la frente desnuda
la bendición del aire.

ÍNDICE